KB173069

맹자가 들려주는
대장부 이야기

맹자가 들려주는
대장부 이야기

ⓒ 임옥균, 2006

초판 1쇄 발행일 2006년 1월 25일
초판 24쇄 발행일 2023년 9월 1일

지은이   임옥균
펴낸이   정은영
펴낸곳   (주)자음과모음

출판등록   2001년 11월 28일 제2001-000259호
주소   10881 경기도 파주시 회동길 325-20
전화   편집부 (02)324-2347 경영지원부 (02)325-6047
팩스   편집부 (02)324-2348 경영지원부 (02)2648-1311
e-mail   jamoteen@jamobook.com

ISBN 978-89-544-0846-2 (64100)

• 잘못된 책은 교환해드립니다.

맹자가 들려주는
대장부 이야기

임옥균 지음

|주|자음과모음

책머리에

《맹자》를 몇 차례 읽고 가르친 경험으로 철학자 시리즈 중 하나인 《맹자가 들려주는 대장부 이야기》를 써 달라는 부탁을 선뜻 받아들였지만, 써 나가는 과정은 쉽지 않았습니다. 중·고등학교 학생들을 대상으로 글을 쓴 적 없는 사람이 더욱이 초등학생들을 대상으로 '쉽게' 쓴다는 것은 꽤나 '어려운' 작업이었습니다. 편집자 선생님의 말씀대로 잊었던 유년 시절의 기억을 다시금 되찾는 작업이었으니 말입니다.

그래서 개인적으로 아는, 이 책의 미래의 독자에게 원고를 미리 보여 주고 조언을 받기도 했으나, 책이 나온 뒤 독자들이 어느 정도 이해를 할지 걱정이 됩니다. 나름대로는 최선을 다해 초등학교 학생들이 무리 없이 읽을 수 있도록 썼습니다.

맹자는 중국 전국시대의 사상가입니다. 전국시대란 문자 그대로 싸우는 나라들의 시대입니다. 일 년에 몇 차례씩 전쟁이 일어나기도 했습니다. 그런 가운데서 가장 어려운 삶을 이어 가는 것은 백성들이었습니다. 맹자는 그러한 처지의 백성들을 보면서 정치는 백성들을 위하는 것이어야 한다는 것을 절실하게 깨달았습니다. 맹자는 직접 몸을 일으켜 여러 나라를 돌아다니며 '백성을 사랑하는 정치', '백성들과 즐거움을 함께하는 정치'를 역설했습니다. 그러나 당장 눈앞의 이익에 급급한 왕들은 맹자의 말에 귀를 기울이지 않았습니다. 나라를 부유하고 강하게 하고자 과한 세금을 거두고 백성들을 징발하여 군대를 조직해서 이웃 나라와 다투는 일을 그치지 않았던 것입니다. 《맹자》라는 책은 결코 평화로운 시대에 쓴 책이 아닙니다. 《맹자》라는 책이 전쟁의 한가운데에서 어떻게 전쟁을 그치게 하고 백성을 잘살게 만들까를 고민하면서 쓴 책이라는 것을 생각하면서 《맹자》를 읽는다면 훨씬 잘 이해가 될 것입니다.

맹자의 '백성을 사랑하는 정치'는 '남에게 차마 어찌지 못하는 정치'를 하는 것이었습니다. 그것은 또한 '남에게 차마 어찌지 못하는 마음'을 확장한 것이었습니다. 맹자는 이 '남에게 차마 어찌지 못하는 마음'을 누구나 가지고 있다고 보고, 그러므로 사람은 착하다고 주장했습니다. 어린아이가 우물에 빠진 것을 보면 누구나 보는 순간에 구해 주려는 마음을 갖는데, 그것은 불쌍하게 여기는 마음으로, 바로 사람의 마음속에 있는 인의 실마리라는 것입니다. 그런 식으로 맹자는 인의예지의 실마리가 바로 불쌍하게 여기는 마음, 자신의 잘못을 부끄러워하고 남의 잘못을 미워하는 마음, 사양하는 마음, 옳고 그름을 가리는 마음이라고 말했습니다. 이 실마리를 잘 넓히고 보충한다면 부모를 섬기는 것으로부터 시작하여 백성을 사랑하고 온 천하의 사람을 보호할 수 있다는 것입니다.

이 실마리를 충실히 하는 방법의 하나가 호연지기를 기르는 것입니다. 호연지기란, 쉽게 말해서 씩씩하고 떳떳한 기운입니다. 그것은 올바른 행동을 꾸준히 함으로써 길러지는 것입니다. 우리는 호연지기를 기르는 사람을 대장부라고 부릅니다. 바로 이 책의 제목이기도 하지요? 여러분들이 대장부가 되기를 바라는 마음에서 이 책의 제목을 《맹자가 들려주는 대장부 이야기》로 정했습니다. 여러분도 대장부에 관심을 갖고 이 책을 읽어 주시기 바랍니다.

《맹자》는 다른 많은 철학 책들과는 달리 맹자의 뛰어난 웅변과 그가 나눈 대화로 이루어져 있습니다. 맹자의 그 뛰어난 웅변을 설명체로 바꾼다면 《맹자》의 맛은 없어지고 맙니다. 따라서 《맹자가 들려주는 대장부 이야기》을 쓸 때 여러분들의 이해를 돕는 설명을 덧붙이는 한편으로, 맹자의 웅변과 대화를 알기 쉽게 고쳐서 여러분들이 이해하기 쉽도록 하는 데 더욱 힘을 쏟았습니다.

 이 작은 책이 여러분들에게 어렵고 멀게만 느끼고 있는 맹자라는 분과 가까워질 수 있는 기회를 만들어 준다면, 지은이로서는 아주 기쁜 일이 될 것입니다.

 원고를 미리 읽고 도움이 되는 말을 해 준 샘물이와 현아에게 고마움을 전합니다. 그리고 이야기를 재미있게 꾸며 준 편집부 선생님들께 감사드립니다.

2006년(단기 4338년) 1월

임옥균 씀

차례

프롤로그

　처음에 맹자 형님을 만났을 때, 저는 형님을 감히 '아저씨'라고 불렀어요. 길게 기른 턱수염하며 꾀죄죄한 옷차림새, 지하 단칸방에서 냄새나는 책이나 읽고 있는 맹자 형님은 영락없이 동네 아저씨의 모습이었거든요.

　맹자 형님을 알게 된 이후부터는 형님을 '괴짜 형님'이라고 부르기 시작했지요. 그 시절 생각을 하면 웃음부터 나요. 형님이나 저나 똑똑이나 모두 지금보다는 훨씬 어수룩했던 시절이었으니까요.

하지만 지금의 맹자 형님은 예전의 그 괴짜 형님이 아니에요. 절대 아니지요. 지금 형님의 모습을 본다면 여러분들은 아마 깜짝 놀라고 말 거예요.

말끔한 얼굴과 세련된 양복, 곱게 빗어 올린 머리. 여러분들은 아마 맹자 형님이 혹시 연예인이 아니냐고 저에게 묻겠지요!

아, 그럼 저는 누구냐고요? 죄송해요. 소개가 늦었죠?

저는 맹자 형님의 오른팔이라고 불리는 강 철 구 라고 합니다. 145센티미터의 작은 키지만 달리기는 전교 1등이고요, 힘도 세답니다. 늘 맹자 형님의 오른쪽에 서서 형님에게 힘이 되어 드리고 있어요. 아직 초등학생이지만 저를 모르는 사람은 전국에 한 사람도 없을 거예요! 아마 맹자 형님의 인기도 저의 인기를 따라잡진 못할걸요? 하하.

그동안 맹자 형님과 저, 그리고 앞으로 등장하게 될 똑똑이 남매에겐 정말로 많은 일이 있었어요. 일 년 사이에 맹자 형님은 우리나라 최고의 대장부로 손꼽히는 유명인사가 되었고 저 역시 훨씬 어른스러워졌답니다.

우리에게 무슨 일이 있었는지 궁금하다고요? 쉿! 여러분들에게만 들려드릴게요.

자, 따라오세요.

1

괴짜 형님을 만나다

정치가 잘 되면 노인이 길에서 짐을 지거나 머리에 이고 운반하는 일이 없어진다.
- 맹자 -

우리 엄마가 극성스런 걸까? 아니면, 내가 이상한 걸까? 하여튼 세 번의 이사 끝에 우리 모자는 철학대학교 앞에 살게 되었어. 그런데 1층에 사는 주인집 아들 똑똑이는 첫 만남부터 나를 무시하지 뭐야. 흐음, 이번 집에서는 어떤 재미있는 일이 나를 기다릴까? 후훗, 기대하라고!

① 세 번의 이사

아, 정말 싫다. 벌써 세 번째 이사다. 엄마는 아예 이삿짐도 풀지 않을 생각이신가 보다. 언제고 다시 이사를 해야 할지 모르니까!

엄마와 내가 이렇게 여러 번의 이사를 다니게 된 것은 사실 모두 내 탓이다. 그래서 나는 투정 부릴 수도 없다.

아빠한테 투정을 부리면 되질 않느냐고? 그러고 싶지만, 사실 나에게는 아빠가 안 계신다. 내가 태어나기도 전에 이미 돌아가셨다고들 하지만 나는 믿지 않는다. 어디선가 꼭 나를 찾고 계실 것만 같은 생각이 든단 말이다. 아빠의 얼굴을 한 번만 봤으면⋯⋯.

그건 엄마도 마찬가지인 것 같다. 가끔 내가 잠든 줄 알고 혼자 우신다. 그럴 땐 나도 모르게 눈물이 나지만 엄마에게 들킬까 봐 애써 참는다.

그래서 나의 꿈은 유명해지는 거다. 세상 사람들이 이 강철구를 모두 알 만큼 유명해지는 거다. 그러면 아빠도 나를 쉽게 찾을 수 있으실 테니까!

처음에 엄마와 내가 살던 집은 시장 통에 있었다. 엄마는 시장 통에서 김밥을 파셨다. 시장에서 일하는 상인이나 시장을 보러 나온 사람들은 배가 고프면 엄마를 찾았다. 엄마의 김밥은 특히 맛이 좋았다.

그러나 엄마는 시장 통을 싫어하셨다. 너무 시끄럽고 지저분해서 내가 자라기엔 좋지 않은 환경이라는 이유에서였다. 하지만 시장 통은 집값이 매우 쌌기 때문에 금방 이사를 할 순 없었다.

"김밥을 한 줄이라도 더 팔아서 어서 이곳을 떠야지."

엄마는 늘 이 말을 입에 달고 사셨다. 나는 방과 후 엄마의 눈을 피해 시장 깊숙이 들어가서 떡볶이며 튀김이며, 이런저런 군것질거리를 사 먹었다. 나를 아는 아줌마, 아저씨들은 튀김이나 과자를 덤으로 주시기도 하셨다. 나는 가끔은 시장 아줌마, 아저씨들의 장사를 도왔기 때문에 귀여움을 독차지했다.

무 파는 아줌마 옆에 쪼그리고 앉아서는,

"무 좀 들여 가시소! 싸예! 엄청 싸예!"

호떡 파는 아저씨 옆에 찰싹 붙어서는,

"호떡이 한 개에 오백 원임니더! 꿀떡임니더!"

그러면 지나가던 손님들은 아이가 사투리를 쓰며 장사꾼 흉내를 내는 모습이 재미있는지 발길을 멈추었다.

"어머, 어린 꼬마 애가 호떡을 다 팔고 있네?"

그러면서 야채며, 호떡을 한 봉지씩 사가는 것이었다. 나는 너무 재미있어서 언젠가부터 매일 그런 일을 했다.

그러던 어느 날, 내가 장사꾼 흉내를 내면서 놀고 있다는 소문을 들은 엄마가 김밥을 싸다 말고 김발을 들고 쫓아오셨다.

"오늘은 배추가 싸예! 무지 싸예! 어! 어……, 엄마!"

"이 놈이! 하라는 공부는 안하고!"

엄마는 마침 배추를 팔고 있던 나를 향해 돌진하셨다. 나는 대나무 김발로 맞았다. 무지하게 맞았다.

"아얏! 아얏! 잘못했어요. 엄마! 아얏!"

그리고 다음 날, 엄마는 당장 이삿짐을 싸셨다. 나는 시장 통을 떠나는 것이 슬펐지만 할 수 없었다. 엄마가 울까 봐 겁이 났다.

이사를 한 곳은 코딱지만 한 집들이 다닥다닥 엄청 많이 붙어 있는 동네였다. 그렇지만 낮이고 밤이고 사람들이 별로 지나다니지 않아 무척이나 조용했다. 사람들은 이른 새벽이면 코딱지만 한 집에서 나와 하루 종일 일을 하고 밤늦게야 집으로 돌아와 잠을 자는 것이었다.

엄마는 남의 집 일을 다니기 시작하셨다. 남들이 '파출부'라고 부르는 일이었다. 엄마도 동네 사람들과 마찬가지로 아침 일찍 나갔다가 밤늦게 돌아오셨다.

학교에서 오후 2시면 돌아오는 나는 너무 심심했다. 반 친구들은 우르르 몰려다니며 학원에 간다, PC방에 간다, 했지만 나는 돈이 없었다. 방과 후에는 홀로 집으로 돌아와 낮잠을 자거나 식어 빠진 밥을 먹었다.

그러던 어느 날, 또 혼자 뒹굴 거리며 낮잠을 자고 있는데 울음소리가 들려왔다.

"아이고, 아이고, 아이고."

"어? 이게 무슨 소리지?"

한두 명이 우는 것이 아니라 수십 명이 한꺼번에 우는 소리였다. 호기심이 발동한 나는 얼른 뛰어나가 보았다. 울음소리는 동네 어귀의 한 집에서 나는 소리였다. 대문 안으로 얼굴을 빠끔히 내밀어 살펴보니 주인집 할아버지가 돌아가신 듯했다. 무섭다는 생각은 안 들었다. 오랜만에 사람들이 북적이는 것을 보니 재미있었다. 하얀 한복을 입은 아줌마들은 음식을 나르고 있고 손님들은 떡이며 전을 먹고 있었다. 곡소리는 어느새 그쳐 있었다.

"꼬마야! 이리 와서 떡이라도 좀 먹으렴."

"네? 그래도 되요?"

음식을 나르던 아주머니가 날 불러서 떡을 좀 쥐어 주었다. 나는 뜨거운 떡을 호호 불어 가며 맛있게 먹었다.

알고 보니 이 동네는 연세가 많으신 할아버지, 할머니들이 많아서 자주 초상이 났다. 그때부터 나는 동네의 초상집마다 찾아다니면서 구경도 하고 음식도 얻어먹었다. 어느새 동네 아줌마, 아저씨들과 친해져서 시장 통에서처럼 귀여움도 독차지했다.

"아이고, 아이고, 아이고, 아이고."

어느 날 이러다가 엄마한테 딱 걸렸다. 집에서 혼자 초상집에서 본 사람들의 곡소리를 흉내 내고 있는데, 그날따라 일찍 돌아온 엄마가 깜짝 놀라 방문을 벌컥 여셨다.

"너 이게 무슨 짓이냐? 하란 공부는 안하고 곡소리나 흉내 내고 있다니!"

"아얏! 엄마! 잘못했어요. 아얏! 아얏!"

나는 또 무지하게 맞았다.

결국 다음 날, 엄마는 또 이삿짐을 싸셨다. 나는 뭐, 나쁠 것도 없었다. 달동네는 너무 심심했으니까.

그래서 이사를 온 곳이 바로 이곳이다.

이곳으로 말할 것 같으면 대학생 형과 누나들이 다니는 철학대학교 앞이다. 학생들이 많이 사니까 집값도 싸고 우리나라에서 제일 큰 도서관도 있어서 공부하기엔 '딱'이란다. 우리 엄마 말씀!

엄마와 내가 살게 된 집은 2층 주택이다. 언제 그렇게 돈을 많이 벌어 2층 집으로 이사를 했느냐고? 그게 아니고, 2층 주택의 2층에 세를 얻어 살게 된 것이다. 이 동네는 어찌된 게 죄다 이런 주택이다. 한 주택의 지하에 한 가족, 1층에 한 가족, 2층에 한 가족, 이렇게 세 가족이 같이 산다. 엄마는 주변 환경도 마음에 들고 집도 마음에 들어서 이곳에서 오래도록 살았으면 하는 마음이라지만 아직 이삿짐을 풀지 않고 계신다. 다 나 때문이다. 내가 또 장사꾼 흉내를 내거나 곡소리를 흉내 냈던 것처럼 행동한다면 엄마는 뒤도 안 돌아보고 또 이사를 할 거다.

"철구야, 이 떡 좀 지하 방이랑 1층 주인집에 가져다주고 오너라."

엄마는 김이 모락모락 나는 시루떡을 주셨다. 나는 침을 꼴깍 삼키면서 쟁반을 받아 들었다.

"지하에 사는 형은 철학대학교 졸업생이란다. 앞으로 공부도 가르쳐 달라고 하고 친하게 지내거라!"

엄마의 말이 끝나자마자 나는 계단을 슝 타고 내려가 1층 주인집의 현관문을 두들겼다.

"떡 사슈! 떡! 맛있는 시루떡이 싸요! ……에구머니!"

이크! 장사꾼 노릇하던 게 습관이 되어서 그만…….

"누구세요? 어? 넌 2층에 새로 이사 온 영구 아니냐?"

이사할 때 얼핏 본 주인집 아들이 현관을 열고 나오면서 아는 체를 했다.

"영구라니? 내 이름은 철구야!"

"영구나, 철구나 그게 그거지 뭐!"

"이 자식이! 철구는 우리 엄마가 지어 주신 멋진 이름이라고!"

"우리 집에 세 들어 사는 주제에 큰 소리는! 이거 나 먹으라고

가지고 온 거냐? 잘 먹으마. 그만 물러가거라. 이 영구야!"

주인집 아들은 쟁반 위의 떡 한 그릇을 날름 뺏어 들고는 문을 꽝 닫아 버렸다.

"뭐야. 뭐 저런 자식이 다 있어?"

화가 난다. 화가 난다. 하지만 참을 수밖에⋯⋯.

지하 방의 문은 지상에서 통로로 연결되어 있다. 주인집의 현관 문 계단을 내려와 왼쪽으로 보이는 통로를 따라 가다보면 그을음이 까맣게 낀 문이 하나 나온다.

"계세요? 안 계세요?"

한참을 문을 두들기니 안에서 부스럭부스럭 인기척이 났다.

② 괴짜 형님과 맹자를 만나다

지하 방의 문을 열고 나온 사람은 족히 마흔 살은 되어 보이는 후줄근한 아저씨였다. 목이 안 보이도록 길게 기른 턱수염하며, 언제 세수한지 모르겠는 꼬질꼬질한 얼굴, 다 늘어진 러닝셔츠, 그 위로 톡 튀어나온 똥배, 가슴까지 끌어올려 입은 고무줄 바지까지.

'엥. 진짜 철학대학교 졸업생 맞아?'

"무슨 일이냐. 넌 누구고."

우웩. 아저씨가 입을 여는 순간 지독한 입 냄새가 확 풍겨 왔다.

도대체 이는 언제 닦은 거야?

"철학대학교 졸업생 아니죠?"

"그……, 그게 무슨 소리냐. 그게 궁금해서 날 찾아 온 거냐. 난 아주 바쁜 사람이다. 더 이상 할 말 없으면 가 봐라."

"아, 아니에요. 이걸 드리려고 왔어요. 떡 드세요. 2층에 새로 이사를 왔거든요."

아저씨는 내가 떡을 내밀자 눈빛을 반짝이며 얼른 쟁반을 낚아챘다.

"고맙다. 들어올래?"

"네!"

초여름인데도 아저씨의 방 안에는 한기가 돌아서 팔에 으스스 소름이 돋았다.

아저씨의 방 안은 온통 책, 책뿐이었다. 사방의 벽면이 책으로 둘러싸인 것으로도 모자라서 책상 위에도 책, 방바닥에도 책, 온통 책이 쌓여 있었다. 내가 책 구경을 하느라 놀라고 있는 동안에 아저씨는 허겁지겁 떡을 먹어 치웠다.

"아저씨, 천천히 드세요. 체하시겠어요!"

"냠냠쩝쩝, 꺼억, 아, 잘 먹었다!"

놀랍다. 분명 아저씨가 떡을 먹는 속도는 빛의 속도보다 빠를 것이다. 아저씨가 접시에 붙은 떡고물을 긁어 먹는 동안 나는 궁금했던 것을 묻기 시작했다.

"아저씨, 진짜 철학대학교 졸업생 맞아요?"

"이 책들은 다 뭐예요?"

"이 책들 다 읽어본 거 아니죠?"

"왜 그렇게 지저분하세요?"

"며칠 굶으셨어요?"

내가 쉴 새 없이 질문을 쏟아 내자 아저씨는 정신이 하나도 없는 듯이 손을 가로저으며 천천히 입을 열었다.

"난……."

"네, 아저씨! 난……, 그 다음 말씀하세요!"

"난, 아저씨가 아니다."

엥. 이건 또 무슨 말씀?

"난 아저씨가 아니다. 형님이다. 형님이라고 불러라."

"혀……, 형님이요?"

그래. 까짓것 죽은 사람 소원도 들어준다는데 뭐.

그리하여 나는 지하 방 아저씨를 형님이라고 부르기 시작했다.

형님! 형님! 괴짜 형님!

괴짜 형님은 진짜 철학대학교 졸업생이었는데, 졸업을 한 지 벌써 3년이나 됐는데도 아직 취직을 못하고 있었다. 철학대학교를 나왔는데도 취직을 못하다니!

돈도 한 푼 없고 희망도 없어진 괴짜 형님은 하루하루를 지하 단칸방에서 오로지 책만 읽으면서 살고 있었던 거다.

"형님! 왜 취직을 못하셨어요?"

난 도저히 이해가 안 된다는 말투로 괴짜 형님에게 물었다.

"나도 답답하구나. 사내대장부로 태어나 이렇게 놀고만 있다니. 다 이 나라가 잘못 돌아가는 탓이다."

"네? 나라가요? 나라가 왜요?"

괴짜 형님은 슬픈 눈으로 차근차근 말을 이어 나갔다.

"그건 말이다. 나라가 국민들을 살리는 정치를 하지 않고 오히려 죽이는 정치를 하고 있기 때문이다. 무슨 말인지 알겠니? 맹자가 말씀하시길 백성들이……."

"잠깐만요! 맹자가 누군데요?"

"너 맹자도 모르고 있구나? 맹자는 춘추전국시대의 유명한 사상가다. 너 중국이란 나라는 알지?"

"제가 바본 줄 아세요? 당근 알죠!"

"그래, 중국의 역사를 보면 춘추전국시대가 있다. 춘추전국시대는 춘추시대와 전국시대로 나눌 수 있지. '춘추'는 원래 공자라는 사상가가 노나라의 역사를 정리해 놓은 책인데 그것이 시대의 이름이 된 것이다. 봄 춘(春), 가을 추(秋)니까, 봄과 가을이 지나가는 한 해를 뜻한다. 한 해가 가고 또 한 해가 가면 역사가 되지. 그래서 춘추가 역사책의 이름이 된 것이다. 전국시대는 문자 그대로 싸우는 나라들의 시대이다. 그만큼 전쟁이 자주 있었다. 각 나라는 버려진 토지를 쓸모 있는 땅으로 가꾸어 경제를 발전시키고, 강한 군대를 길러 이웃 나라와 전쟁하는 것도 서슴지 않았다고 한다. 기록에 의하면 242년 동안 460여 번의 전쟁이 일어났다고 해."

"세상에! 460번이나요? 그 시대에 태어나지 않은 것이 정말 다행이네요."

"전쟁에서 다른 나라를 이기려면 무엇보다도 인구를 늘리고 토지를 넓혀 경제를 발전시켜야 했다. 그래서 인구와 토지를 많이 늘리는 것이 나라들의 큰 목표였고 그런 방법을 알려 줄 똑똑한 인물들이 많이 필요했어. 그래서 사상과 사상가들이 많이 생겨나게 된 거야. 사상은 생각을 조리 있게 잘 정리한 것을 말한다. 당시의 유명한 사상가 중에 공자와 맹자가 있다. 공자는 춘추시대 말기에 살았고, 맹자는 전국시대 한 가운데 살았지. 백성들의 고통을 직접 눈으로 보며 생활했던 맹자는 자신이 살고 있는 시대가 잘못 되었다고 생각했어. 백성들을 위하는 정치가 되어야 하는데 백성들을 죽이는 정치가 되고 있었기 때문이지. 그래서 맹자는 그 잘못을 바로잡는 것이 자신의 사명이라고 생각했다.”

“아하! 그렇구나. 아까 형님이 말씀하시다가 만 나라가 국민들을 살리는 정치를 하지 않고 오히려 죽이는 정치를 하고 있기 때문이라는 말이 맹자가 전국시대에 한 말이네요.”

“그렇지, 그렇지. 너도 이 이야기는 알 거다. ‘맹모삼천지교’ 말이야. 맹자의 어머니가 맹자를 위해 좋은 환경을 찾아 세 번 이사했다는 유명한 이야기 말이다. 들어는 봤지?”

“네. 들어본 것 같기도…….”

대답을 하다가 나는 깜짝 놀랐다.

“앗. 그건 내 이야기인데요? 우리 엄마는 저에게 좋은 환경을 찾아 벌써 세 번이나 이사하셨거든요!”

나는 괴짜 형님에게 그동안의 모든 이야기를 해 드렸다. 처음에 시장 통에서 살았던 이야기, 내가 장사꾼 흉내를 냈다는 이야기, 달동네로 이사를 했다가 곡소리를 따라했다는 이야기, 결국 이곳으로 이사를 했다는 이야기까지……. 괴짜 형님은 내 이야기를 모두 듣고 허허 웃으셨다.

"정말 똑같구나. 맹자는 처음엔 공동묘지에서 살면서 장례 치르는 것을 따라하면서 놀았고 두 번째로 이사를 한 시장에서는 친구들과 물건을 흥정하고 깎는 장사꾼 흉내를 내며 놀았다. 결국 맹자의 어머니는 학교 근처로 이사를 했고 맹자는 그곳에서 보고 배운 대로 공부하는 흉내를 내거나 제사하는 흉내를 냈다. 옛날에는 학교에서 훌륭한 분들에 대한 제사도 드렸거든. 결국 맹자는 훌륭한 사람이 될 수 있었지. 그러니 너도 이제부터는 열심히 공부해야 한다."

형님의 말씀을 듣고 나니 엄마 생각에 마음이 찡해 왔다. 괜히 눈물이 나려했다.

"네! 열심히 공부할 거예요. 엄마 말씀도 잘 듣고. 딱 이번 주까지만 놀게요. 아니, 다음 주까지만 놀게요! 아니 이번 달? 아니, 아니, 이번 해까지만!"

괴짜 형님이 내 말을 들으시더니 꿀밤을 때리셨다.

"아얏!"

"아직도 정신을 못 차렸구나. 그럼 이 이야기를 들어 봐라.

맹자가 공부를 했던 학교는 《중용》이라는 책을 쓴, 공자의 손자인 자사가 세운 학교였다. 물론 맹자가 학교를 다닐 때는 자사는 세상을 떠나고 그 제자가 공부를 가르치고 있었지. 맹자는 처음에는 열심히 학교에 다녔지만 얼마 정도 시간이 지나자 게으름을 피우기 시작했다. 어느 날, 맹자는 공부하기가 싫어 수업을 다 마치지도 않고 집으로 돌아왔지. 마침 어머니는 베를 짜고 있었다."

"아, 민속촌에서 베틀로 베 짜는 모습을 본 적이 있어요! 시간도 오래 걸리고 굉장히 힘들어 보였어요."

"그렇다. 어머니는 게으름을 피우는 맹자를 크게 깨우치지 않으면 안 되겠다고 생각하고 짜고 있던 베를 칼로 싹둑 자르고 말았단다."

"에구머니나!"

"맹자는 깜짝 놀랐다. 어머니께서 얼마나 수고해서 며칠 동안 베를 짰는지 알고 있었기 때문이다. 그러나 어머니는 맹자를 타이르며 이렇게 말씀하셨지.

가(軻)야, 무슨 일이든지 처음부터 끝까지 해내야 한다. 중간에 그만 두면 엄마가 잘라 버린 이 베처럼 쓸모가 없게 되는 법이란다. 네가 공부를 시작했다가 중간에 열심히 하지 않고 게으름을 피우면 결국은 공부도 완성하지 못하고 훌륭한 사람도 되지 못한다. 그러니 앞으로는 부지런히 공부를 하기 바란다.

어때 철구 너도 알아듣겠니?"

"네!"

나는 목청껏 대답했다.

"참, 형님, 그런데 가(軻)가 뭐에요?"

"아, 가(軻)는 맹자의 이름이다. 우리가 맹자라고 부르는 것은 높여서 그렇게 부르는 것이지. 자(子)는 선생님이란 뜻이니까. 그날 베를 끊은 어머니의 말씀을 가슴 깊이 새긴 맹자는 훗날에 이런 말을 했다.

훌륭한 일을 하는 것은 비유하자면 우물을 파는 것과 같다. 우물을 사람 키의 아홉 배를 팠더라도 물이 나올 때까지 파지 않으면 소용이 없다.

그러니까 철구 너도 게으름피지 말고 물이 콸콸 나올 때까지 공부라는 한 우물을 파야 한다. 알았지?"

"네!"

또 한 번 목청껏 대답하는 순간, 지하 방의 현관문이 활짝 열렸다.

③ 방 빼세요!

"엄마야!"

나는 깜짝 놀라서 '엄마야!' 하고 소리를 질렀다.

"형님! 어디 계세요, 형님!"

현관문을 열고 들어와서 다급히 형님을 찾는 사람은 다름 아닌 1층 주인집 아들이었다.

'저 자식, 아까의 분풀이를 해 줘, 말아?'

나는 아까 생각이 나서 갑자기 화가 났다.

"아, 형님! 여기 계셨군요! 그런데 넌 영구 아니냐? 여긴 또 웬일이냐."

"이 자식이! 또 영구래! 나의 매운 맛을 오늘 볼 테냐!"

나는 당장이라도 칠 기세로 주먹을 불끈 쥐었다. 그때 괴짜 형님이 겨우 말려서 나는 참을 수밖에 없었다.

"똑똑이, 넌 어쩐 일이냐. 요샌 통 공부하러 오지 않더니."

괴짜 형님이 1층 주인집 아들에게 물었다. 주인집 아들 이름이 똑똑이라니. 난 너무 웃겨서 뒤로 넘어갈 뻔 했다.

"철구야, 똑똑이는 너랑 동갑이다. 앞으로 친하게 지내거라."

똑똑이의 덩치가 괴짜 형님만 하기에 나는 중학생은 되는 줄 알았더니 나와 같은 나이였던 거다. 잘됐다. 이제 나도 봐주지 않겠어!

어쭈, 그런데 똑똑이는 손을 양 허리에 얹고 기세등등하게 나와 괴짜 형님을 노려보았다. 이 자식이 뭘 잘못 먹었나? 나한테 하는 거면 몰라도 감히 괴짜 형님에게까지! 똑똑이는 또박또박 크게 외쳤다.

"형님! 방! 빼! 세! 요! 당! 장! 요!"

집으로 돌아온 나는 괴짜 형님을 도울 방법이 없을까 곰곰이 생각해 보았다. 곧 지하 방에서 쫓겨나 길바닥으로 나앉을 판인 괴짜 형님이 너무 안쓰러웠다. 정말 오랜만에 책상에 앉아 무언가를 끼적거리고 있는 나의 모습을 본 엄마는 흐뭇한 미소를 지으셨다.

'역시 철학대학교 앞으로 이사 오기를 잘했어!'

이렇게 생각하셨을 지도 모를 일이다.

아까 똑똑이의 방 빼란 소리에 얼굴이 새파랗게 질리는 괴짜 형님의 모습은 정말 불쌍했다. 하긴 벌써 다섯 달이나 방세가 밀렸다고 하니, 주인집으로서도 어쩔 수 없는 일인지도 모르겠다. 그렇지만 똑똑이란 놈은 자기가 대체 뭔데 괴짜 형님에게 나가라 마라 한단 말인가? 그동안은 똑똑이에게 철학을 가르쳐 주는 것으로 집세를 대신했다고 하는데, 그것마저도 똑똑이가 재미가 없다면서 그만두는 바람에 결국 이렇게 괴짜 형님이 쫓겨나게 된 것이다. 아마도 괴짜 형님이 계속 자기 집 지하에 살게 되면 지겨운 공부를 또 해야 할까 봐 지레 겁먹고 괴짜 형님을 쫓아내려는 건지도 모른다.

그런데 그 귀여운 여자 아이는 누구였을까?

아까 똑똑이가 계속해서 방을 빼라고 독촉하고 있을 때, 어린 여자 애 하나가 엉엉 울면서 지하 방으로 내려왔다.

"오빠! 그러지 말아! 행님에게 왜 그래. 엉엉."

"똑순이 넌 올라가 있어!"

맞아. 똑순이라고 했으니 혹시 그 애는 못된 똑똑이의 여동생? 세상엔 참 별일이 다 있다.

"오빠! 그러지 말아! 행님! 죄송해요, 엉엉."

똑순이는 계속 울면서 똑똑이의 바짓가랑이를 잡고 늘어졌다. 똑순이가 계속 울자 똑똑이는 할 수 없이 징징거리는 똑순이를 훌쩍 업고 자기 집으로 올라가 버렸던 거다.

아무 말도 못하고 고개만 푹 숙이고 있는 괴짜 형님을 두고 나도 2층으로 올라왔다. 뭔가 괴짜 형님을 도울 방법이 없을까? 그리고 아까 괴짜 형님이 하다 만 이야기, 즉 취업을 못한 것이 모두 나라가 잘못 돌아가기 때문이라는 말의 뜻은 대체 무엇일까?

철학 돋보기

괴짜 형님이 철구에게 맹자가 살았던 시대인 춘추전국시대를 설명해 주지요? 중국의 역사를 보면 춘추전국시대가 있습니다. 춘추시대와 전국시대로 나눌 수 있지요.

《춘추》는 원래 공자가 자신의 조국인 노나라의 역사를 정리한 책인데, 그것이 시대의 이름이 된 것입니다. 춘추라는 말은 봄 춘, 가을 추를 뜻하는 말이 모인 것으로 봄이 가고 가을이 가면서 세월이 지난다는 의미를 가지고 있습니다. 그래서 지금은 잘 쓰지 않습니다만, 어른들의 나이를 춘추라고 높여 부르기도 했습니다. 한 해가 가고 또 한 해가 가면 역사가 되지요. 그래서 《춘추》가 역사책의 이름이 된 것입니다.

전국시대는 문자 그대로 싸우는 나라들의 시대입니다. 그만큼 전쟁이 자주 있었다는 것이지요. 각 나라는 토지를 개간하여 경제를 발전시키고, 강한 군대를 길러 이웃 나라와 전쟁을 하는 것도 서슴지 않았습니다. 철구가 괴짜 형님의 말을 듣고 놀란 것처럼, 기록에 의하면 전국시대 242년 동안 460여 번의 전쟁이 있었다고 합니다. 인구와 토지를 많이 늘리는 것이 나라의 큰 목표였고, 또 그런 방법을 제공해 줄 지식인들이 필요했습니다. 그래서 전쟁이 빈번했음에도 불구하고 사상가와 사상이 많이 생겨나게 됩니다. 사상은 생각을 조리 있게 잘 정리한 것이지요.

공자는 춘추시대 말기에 살았고, 맹자는 전국시대의 한 가운데서 살았습니다. 백성들의 고통을 직접 눈으로 보며 생활했던 맹자는 자신이 살고 있는 시대가 잘못 되었다고 생각하였습니다. 백성들을 위하는 정치가 되어야 하는데 백성들을 죽이는 정치가 되고 있기 때문이었습니다. 그래서 맹자는 그 잘못된 것을 바로잡는 것을 자신이 할 일로 생각하게 되었던 것입니다.

괴짜 형님 구출 작전

항산(恒産)이 있어야, 항심(恒心)이 있다.

－맹자－

새로 이사 온 집 지하에는 철학대학교 졸업생이라는 괴짜 형님이 산다. 그런데 이 형님이 경찰서에 잡혀갔다! 아니, 왜, 왜, 괴짜 형님이 경찰서까지 가게 된 거냐고! 비록 능력은 없지만, 좋은 사람 같은데……. 아무튼 곤란에 처한 괴짜 형님을 구출해 내야 해!

경찰서에 잡혀간 괴짜 형님

며칠 뒤에 학교는 여름방학을 했다. 방학이면 나는 더 심심해진다. 뭐 할 것 없을까 단칸방을 뒹굴 거리고 있는데 누군가가 현관문을 두들겼다.

"누구세요?"

인기척이 없기에 문을 열어 봤더니 똑순이었다. 똑순이는 지난번처럼 울고 있었다.

"엉엉, 도와주세요."

"무슨 일이니?"

나는 분명 똑똑이와 관계된 일일 것이라 생각했다. 똑똑이가 엄청 때리고 구박했을 거야. 이 못된 똑똑이 녀석! 귀여운 여동생까지 괴롭히다니!

"행님이……, 행님이……."

엥. 그런데 이건 무슨 소리? 괴짜 형님한테 무슨 일이라도 생긴 거야? 하긴 그날 이후로 한 번도 괴짜 형님을 찾아가지 않았다. 핑계를 대자면 괴짜 형님을 도울 방법을 찾아서 짠! 하고 나타나고 싶었던 거다. 물론 아직도 그 방법을 찾진 못했지만.

"말해 봐! 괴짜 형님이 왜?"

"행님이……, 행님이, 흑흑, 경찰서로 질질 끌려 갔쪄요."

"뭐? 괴짜 형님이 경찰서에?"

이거 큰일 났다. 대체 무슨 일이지? 괴짜 형님이 왜?

나는 똑순이와 헐레벌떡 경찰서로 뛰어가 보았다. 정말로 괴짜 형님은 벌개진 얼굴을 푹 수그리고 경찰관에게 조사를 받고 있었다.

"어이! 꼬마들은 경찰서에 들어오면 안 돼요. 어서 나가요!"

나와 똑순이가 괴짜 형님에게 가까이 가려고 하자 다른 경찰관 아저씨들이 막았다.

"경찰관 아저씨! 말씀해 주세요! 형님이 왜 경찰서에 끌려오신 거예요?"

"글쎄, 조사를 더 해 봐야 알겠지만 네가 형님이라고 부르는 저 사람이 슈퍼에서 빵을 훔쳤어. 그것을 본 한 소년이 신고를 해서 우리가 잡아 온 거란다."

나는 너무 놀랐다. 형님이 슈퍼에서 빵을 훔치시다니. 불현듯 며칠 전 내가 가져다 드린 떡을 마파람에 게 눈 감추듯 드시던 모습이 생각났다. 형님…….

조사를 받고 있는 괴짜 형님을 뒤로하고 똑순이와 함께 경찰서를 나왔다.

"엉엉, 엉엉."

똑순이는 아까부터 계속 울기만 한다. 아무리 초등학교 저학년이라지만 너무 심하다. 이렇게 눈물이 많아서야.

"울지 마! 뭔가 방법이 있을 거야."

"미안해요. 엉엉."

"네가 미안할 게 뭐가 있니?"

"사실은, 우리 오빠가…….'

"똑똑이가 왜?"

"오빠가 신고를 했쪄요. 엉엉."

세상에, 그럴 수가! 아무리 못된 놈이라지만 자기의 스승을 신고하는 놈이 어디 있단 말인가?

"내 요놈의 똑똑이 자식을!"

스스로도 양심의 가책을 느꼈는지 똑똑이는 괴짜 형님의 방에 숨어서 오들오들 떨고 있었다.

"똑똑이 너 이 자식! 어떻게 그럴 수 있어?"

"내……, 내가 뭘 잘못했단 말이냐?"

이것 봐라. 똑똑이 놈은 도리어 큰 소리다.

"지금 괴짜 형님이 경찰서에 잡혀 계신단 말이다!"

"그러면 도둑질을 하는 것을 봤는데도 못 본 척하란 말이냐? 난 옳은 일을 했을 뿐이다."

"이 놈이!"

나는 화를 참을 수 없어서 똑똑이를 마구 꼬집기 시작했다. 그러자 똑똑이도 나를 마구 때리기 시작했다.

"아얏! 아얏!"

"에구! 에구!"

"엉엉! 엉엉!"

나와 똑똑이의 외침과 똑순이의 울음소리가 지하 방에 쩡쩡 울렸다. 한참을 싸우고 난 뒤에야 나와 똑똑이는 지쳐서 방바닥에 드러눕고 말았다.

"괴짜 형님을 경찰서에서 구출해 낼 작정이다. 협조할 테냐?"

"아앗! 이것 봐라. 나 여기 멍들었다. 네가 꼬집은 데다!"

"이 자식이! 협조할 테냐, 말테냐?"

"……대신 너도 인정할 것이 있다! 네가 순순히 인정하면 나도 협조하도록 하지!"

똑똑이는 도둑질 신고가 잘못된 행동만은 아니라는 것을 인정해 달라고 했다. 나는 곰곰이 생각한 끝에 고개를 끄덕였고 결국 똑똑이는 '괴짜 형님 구출 작전'에 적극 협조하겠다는 약속을 했다. 힘들게 이루어진 화해였다. 우리가 악수를 하자 그제야 똑순이는 보조개를 보이며 활짝 웃었다.

'이야, 웃으니깐 더 귀엽다.'

나는 괜히 얼굴이 빨개졌다.

그로부터 몇 시간 동안 우리는 주인 없는 지하 방에 모여 앉아 괴짜 형님을 구출해 낼 작전을 짰다.

"경찰서 천장에 구멍을 뚫은 다음에 그 구멍을 통해 밧줄을 타고 내려가는 거야. 그리고 잠들어 있는 괴짜 형님을 업고 슬그머니 올라오는 거지. 어때?"

"지금 영화 찍냐?"

"음……, 그럼 이건 어때? 우리 셋이 경찰관 아저씨들을 각자 한 명씩 맡아서 막 간지럼을 태우는 거야. 경찰관 아저씨들이 깔깔대며 웃는 사이에 괴짜 형님은 탈출을 하는 거지!"

"……."

똑똑이 이놈은 자기가 일을 저질렀으면 책임질 줄도 알아야지, 어쩌면 생각한다는 게 다 이 모양일까? 정말 유치하기 짝이 없다.

"뭔가 다른 좋은 방법이 있을 거야. 잘 찾아보자."

나는 분명히 괴짜 형님을 구출해 낼 방법이 있을 거라고 확신했다.

앗. 혹시 이 수많은 책 속에?

그래, 이 방에 있는 수백 권의 책 속에 괴짜 형님을 구해 낼 만한 방법이 분명 쓰여 있을 거야! 책 속에는 없는 지식이 없다고 하잖아?

나는 우선 책꽂이에 꽂혀 있는 책 중 가장 두꺼운 책을 하나 집어 들었다. 그리고는 천천히 책장을 넘겼다.

② 맹자가 나타나다!

펑!

그때였다. 책 속에서 '펑!' 소리가 나더니 흰 연기가 모락모락 피어오르기 시작했다. 그리고 내 눈앞에는 이상한 옷을 입은 괴짜 형님이 나타났다!

"앗! 괴짜 형님! 경찰서에서 나오셨군요! 그런데 왜 그런 이상한 옷을 입고 계세요? 양복도 아닌 것이, 한복도 아닌 것이……."

"난 괴짜 형님이 아니다."

괴짜 형님의 목소리가 쩌렁쩌렁 지하 방에 울려 퍼졌다. 엥, 목소리도 괴짜 형님이 분명히 맞는데, 아니라니?

"난 괴짜 형님이 아니다."

"왜 그러세요. 형님! 분명히 괴짜 형님 맞으시잖아요!"

"난 너를 도와주러 온 맹자다. 너도 맹자가 누군지 정도는 알고 있겠지?"

"……네. 맹자라면 괴짜 형님에게 이미 들어서 알고 있어요. 그럼 정말 맹자님이세요?"

"그렇다. 한시바삐 괴짜 형님을 구해 내거라. 괴짜 형님이 앞으로 큰일을 하게 될지, 못 하게 될지는 모두 너에게 달렸다. 어서 가거라!"

"그렇지만 저는 어떻게 해야 할지 모르겠어요. 어떤 방법으로 괴짜 형님을 구해 내야 하죠?"

"이것만 알려 주겠다. 이것은 모두 나라가 잘못 돌아가는 탓이다. 임금은 백성을 사랑하는 정치를 펴야 하느니라. 백성을 사랑하는 정치를 펴기 위해서는 우선적이고도 중요한 일이 있느니라. 괴짜 형님의 잘못만은 아니다……, 잘못만은 아니다……, 잘못만은……."

"아앗! 가지 마세요! 이야기를 더 해 주고 가셔야죠!"

"괴짜 형님을 구해 내거라……, 구해 내거라……."

괴짜 형님의 모습을 한 맹자님의 모습은 점점 희미해져 갔다. 나는 맹자님을 잡으려고 발버둥 쳤다.

"가지 마세요! 가지 마세요! 맹자님!"

"야, 이 영구야! 일어나!"

나를 깨운 것은 똑똑이었다.

"내가 생각해 낸 방법은 다 이상하다고 하더니 넌 생각도 안하고 잠만 자고 있는 거냐?"

"아, 모든 게 꿈이었구나. 그런데 너무 생생한데."

"대체 무슨 꿈을 꾼 거냐? 넌 영구니깐 영순이 꿈이라도 꾼 거냐? 그건 필시 개꿈이 분명한데……."

"이 자식이 또 놀리고 있어!"

바로 그때, 불현듯이 전에 괴짜 형님이 한 말이 머리를 스치고 지나갔다. 형님은 사내대장부로 태어나 놀고만 있는 것이 모두 나라가 잘못 돌아가는 탓이라고 했다. 그런데 아까 맹자도 꿈속에 나타나서 똑같은 말을 하지 않았던가!

"으악! 너 침 진짜 많이 흘렸다! 더러워!"

그리고 보니 내가 베고 잔 두꺼운 책 위에 침이 잔뜩 흘려져 있었다.

"저 침으로 라면을 끓여도 되겠다! 양 진짜 많다. 으. 더러워. 역시 영구라서……, 아얏! 왜 꼬집어?"

우선 똑똑이를 실컷 꼬집어 준 다음 휴지를 가져다가 책 위의 침을 닦았다.

어? 그런데 이게 뭔가? 책 제목이 바로 《맹자》가 아닌가?

이건 분명 신의 계시, 아니 맹자님의 계시다!

나는 책을 펴고 한 줄 한 줄 읽어 내려가기 시작했다. 어려운 말이 너무 많아서 전부 이해할 순 없지만 괴짜 형님을 위해서라면 못할 일이 없다. 분명 이 책 안에는 괴짜 형님을 구출할 만한 단서가 있을 것이다.

"영구! 갑자기 웬 책을 읽어?"

"오빠야, 왜 이래요."

갑자기 정신없이 책을 읽어 내려가는 나를 똑똑이와 똑순이는 이상한 눈으로 바라봤다. 아, 머리가 정말 뱅뱅 돌아가는 것 같다. 너무 어렵다.

얼마나 시간이 흘렀을까?

"야호! 드디어 찾았다! 야호! 야호! 야호!"

나는 정신없이 책을 들고 방방 뛰면서 환호성을 질렀다. 이제 괴짜 형님을 구출해 낼 수 있다!

"자, 모두 나를 따라와! 경찰서로 가자!"

나는 영문을 몰라 고개를 갸우뚱거리는 똑똑이와 똑순이를 이끌고 경찰서로 달려갔다.

"경찰관 아저씨들! 말 좀 들어 보세요!"

"꼬마야, 너 아직도 집에 안 갔니?"

"대체 무슨 일이냐. 우린 아주 바쁜 사람들이다."

"부탁이에요! 몇 마디만 하게 해 주세요!"

내가 큰 소리로 외치자 경찰관들도 호기심이 발동했는지 하나, 둘 내 말에 귀를 기울이기 시작했다. 또한 몇 명은 내 주변으로 가까이 모여들었다. 그중에는 괴짜 형님이 빵을 훔친 슈퍼의 주인아주머니도 있었다.

나는 의자 위에 성큼 올라갔다.

"빵을 훔쳐 잡혀 온 괴짜 형님에게는 잘못이 없어요!"

내가 이렇게 말하자 사람들은 웅성거리기 시작했다.

"아니, 물건을 훔쳤는데 잘못이 없다니?"

"저 꼬마 대체 무슨 소리를 하는 거야?"

"조용히들 해 봐요! 우리 한 번 저 아이의 말을 들어 봅시다."

나는 목을 가다듬고 차분하면서도 우렁찬 목소리로 말을 이어나 가기 시작했다.

③ 맹자 왈 무항산무항심

"여러분 모두 전국시대의 유명한 사상가 맹자님을 아시죠? 맹자님은 백성을 사랑하는 정치를 펴라고 하셨어요. 그리고 백성을 사랑하는 정치를 펴기 위해서는 우선적이고도 중요한 일이 바로 백성들에게 일정한 직업을 만들어 주는 일이라고 하셨어요. 제가 《맹자》라는 책에서 맹자님이 하신 말씀을 한번 읊어 보겠습니다.

무항산무항심(無恒産無恒心). 항산이 없으면 항심도 없습니다.

백성은 일정한 직업이 없으면 한결같은 마음을 가질 수 없습니다. 한결같은 마음이 없으면 하지 않는 짓이 없게 됩니다. 그렇게 죄에 빠진 다음에 벌을 준다면, 그것은 백성을 짐승 잡듯이 그물로 잡는 것과 같습니다. 그러므로 훌륭한 임금은 백성들에게 일정한 직업을 만들어 주어 위로는 부모를 섬길 수 있고, 아래로는 아내와 자식을 길러 풍년에는 배불리 먹고 흉년에도 죽음을 면하게 해 줍니다. 지금은 백성들에게 일정한 직업을 만들어 준다고는 하지만, 위로는 부모를 섬기기에 부족하고, 아래로는 아내와 자식을 기르기에 부족하여 풍년에도 힘들고 흉년에는 죽음을 면하지 못하고 있습니다. 죽음을 면하기에도 넉넉하지 못한데 어느 겨를에 예의를 차리겠습니까?

곡식과 물고기를 다 먹을 수 없을 정도가 되고, 재목을 다 쓸 수 없을 정도가 되면, 백성들이 먹고사는 데 부족하지 않을 것입니다. 먹고사는 데 부족하지 않게 해 주는 것이 왕도의 시작입니다.

여기 모이신 여러분! 맹자님의 말씀이 틀린 말인가요?"

나는 무슨 정신으로 맹자가 한 긴 말을 줄줄 읊어 낼 수 있었는지 모르겠다. 두근두근 뛰는 심장 박동 소리가 옆 사람에게까지

들릴 지경이었다. 그렇지만 어느새 사람들의 표정은 처음과 달리 많이 누그러져 있었다.

"아니 뭐, 틀린 말은 아니지. 맞는 말이야."

"그럼, 그렇고말고."

그래서 나는 다시 한 번 용기를 내어 말을 하기 시작했다.

"맹자님 말씀처럼 사람에게 일정한 직업이 없으면 마음도 안정되지 못하는 법입니다. 직업을 만들어 주지 않아 죄를 짓게 한 뒤에 벌을 준다면 그것은 백성을 짐승 잡듯이 그물로 잡는 것과 같지 않겠습니까?"

사람들은 웅성거리기 시작했다.

"쳇, 영구 제법인데?"

똑똑이의 목소리였다. 나는 웃으면서 계속 말을 했다.

"요즘 청년 실업 문제가 심각하다고 들었습니다. 괴짜 형님도 벌써 몇 년 전에 철학대학교를 졸업하셨지요. 하지만 나라에서 청년 실업 문제를 제대로 해결하지 못하고 있어서 아직 취업을 못하고 계십니다. 이것이 어찌 괴짜 형님만의 잘못이겠습니까?"

내가 말을 끝마치자 여기저기서 박수 소리가 터져 나왔다.

"저 꼬마 대단한데?"

"저 괴짜 형님이라고 하는 사람 알고 보니 아주 불쌍한 사람이네!"

똑순이는 어느 때 보다도 밝은 웃음을 지었다.

"오빠야! 너무 멋있쪄요."

"쳇!"

그러나 똑똑이는 뭐가 불만인지 심통이 난 것처럼 보였다.

"으흑으흑, 흑흑흑."

그때 누군가의 울음소리가 들려왔다. 경찰서의 뒤쪽에서 나는 소리였다. 사람들의 시선은 모두 소리가 나는 쪽으로 쏠렸다. 울고 있는 사람은 다름 아닌 괴짜 형님이었다.

"으흑, 으흑, 정말 잘못했습니다."

괴짜 형님이 아주 큰 소리로 울기 시작했다. 몇몇 사람들도 따라 울었다.

"정말 잘못했습니다. 아무리 배가 고파도 그런 나쁜 짓은 하면 안 되는 건데……, 정말 잘못했습니다."

"형님! 울지 마세요. 괴짜 형님!"

나는 괴짜 형님에게 다가가서 와락 껴안았다. 뒤이어 똑순이도 괴짜 형님 품에 안겼다.

"모두 조용히 해 보세요! 여기 슈퍼 주인아주머니가 할 말이 있으시답니다."

경찰서 안은 순간 찬물을 뒤집어 쓴 듯 조용해졌다. 나는 침을 꿀꺽 삼켰다.

"제가 바로 슈퍼 주인입니다. 저 아이의 말을 듣고 보니 정말 마음이 아픕니다. 저에게도 아들이 하나 있습니다. 벌써 몇 년째 취업을 못해서 집에서 놀고 있지요. 그래서 누구보다도 저 괴짜 형님이라는 사람의 마음을 이해할 수 있습니다. 용서해 주도록 하겠습니다."

"와!"

나와 똑똑이와 똑순이는 환호성을 질렀다.

"그러나 분명히 도둑질은 나쁜 것이지요. 사내대장부로서 큰 잘못을 저질렀으니 벌을 받기는 받아야 합니다."

슈퍼 주인의 말에 다시 경찰서는 조용해졌다.

"하루 빨리 취직을 해서 빵 값을 갚으세요. 그러나 수십 배, 수백 배로 갚아야 합니다. 저는 저 사람이 빵 값을 갚으면 그 돈으로 배고픈 사람들을 돕겠습니다. 저 괴짜 형님이라는 사람처럼 너무 배가 고픈 나머지 도둑질까지 하게 되는 일이 더 이상 발생하지 않게 말입니다. 그런 사람들을 돕고 싶습니다."

슈퍼 주인의 말이 끝나자 경찰서 안의 모든 사람들이 박수를 쳤다. 괴짜 형님은 진심으로 슈퍼 주인에게 사과를 한 뒤 조만간 빵 값을 꼭 갚겠다고 약속을 했다. 그리고 경찰서를 나오면서 괴짜 형님은 나의 손을 꼭 잡았다.

"철구야, 정말 고맙다. 네가 아니었다면 나는 평생 낙오자로 살 수밖에 없었을 거다. 너희들에게 정말 부끄럽구나. 정말 다시는 이런 잘못을 하지 않겠다. 오늘부터는 다시 일자리를 알아보겠다."

그때 고개를 푹 숙이고 있던 똑똑이가 개미 기어가는 듯한 작은 목소리로 말을 꺼냈다.

"형님. 죄송합니다. 사실……, 제가 신고를 했어요."

그러나 괴짜 형님은 웃으면서 똑똑이의 머리를 쓰다듬었다.

"알고 있다. 고맙다. 네가 아니었다면 난 또 다른 잘못을 저질렀을지도 몰라. 네 덕분에 많은 깨달음을 얻었다."

"형님! 부탁이 있어요."

"그래, 똑똑아. 얼마든지 이야기해 보거라."

"저에게 다시 철학을 가르쳐 주세요! 사실 아까 영구의 모습을 보니 부러웠어요. 저도 형님에게 열심히 배웠다면 오늘 같은 날 멋지게 써 먹었을 텐데."

"짜식! 부러웠구나? 언제는 형님을 내쫓으려고 했으면서!"

나는 마음껏 똑똑이를 비웃어 주었다. 사실, 나의 모습이 부러웠다고 솔직히 말하는 똑똑이의 모습에 조금 놀랐지만…….

"형님! 저도 똑똑이와 같이 형님에게 철학을 배우고 싶어요!"

"행님! 저도요."

괴짜 형님은 껄껄 웃으셨다.

"그래, 모두에게 가르쳐 주마! 도둑질 하다가 경찰서에 잡힌 내가 맹자의 이름을 들먹이는 것이 부끄럽지만, 사실 아까 철구가 맹자의 말 중에 중요한 부분을 빠트렸더구나."

"네? 그게 뭐예요?"

깜짝 놀라는 나를 똑똑이가 그럴 줄 알았다는 표정으로 쳐다보았다.

"하하하, 잘못한 건 아니니까 너무 놀랄 필요는 없다. 어쨌건 네덕분에 이렇게 죄를 용서받고 풀려나지 않았니. 네가 빼먹고 말하지 않은 부분이 무엇이냐면, 바로 '가르침'이란다. 맹자는 우선 임금이 해야 하는 것은 직업을 만들어 백성을 먹고살 수 있게 해주는 것이지만, 그 다음에는 가르쳐야 한다고 했다. 가르치지 않고 먹여 살리기만 한다면 짐승을 기르는 것과 큰 차이가 없지 않느냐? 그래서 백성들을 인간답게 살게 하려면 가르쳐야 한다고 한 것이다. 자, 그래서 나는 맹자의 뜻에다가 너희들에게 미안하고 또 고맙다는 나의 뜻을 더해서 너희들을 열심히 가르쳐 주고 싶구나."

"좋아요! 형님, 열심히 배울게요!"

"행님! 똑순이도 행님께 열심히 배울게요!"

"하하하, 오늘 참 기분이 좋구나. 똑순아, 이 행님이 업고 가마, 이리 온."

경찰서를 나와 괴짜 형님과 함께 집으로 돌아가는 우리들의 발걸음은 날아갈 듯 즐거웠다.

④ 도인 할아버지의 등장

본격적인 무더위가 시작되었다. 뜨거운 여름을 나기엔 괴짜 형님의 지하 방이 제격이었다. 나는 아침에 눈을 뜨자마자 지하 방에 가서 공부를 하다가 잠을 잘 때만 2층으로 올라왔다.

"요즘처럼만 해 봐라. 엄마가 요즘엔 아주 살맛이 나네."

동네 사람들에게 경찰서 사건에 대해 이야기를 전해 들은 엄마는 내심 흐뭇해하시는 것 같았다. 며칠 전에는 쌓아 놓기만 했던 이삿짐도 푸셨다.

"에구, 허리야."

남의 집 일을 다니시는 건 김밥 장사보다 더 힘이 드시는 모양이었다. 자주 '에구, 허리야, 에구 어깨야.' 하신다. 나는 그럴 때마다 엄마의 팔다리와 허리, 어깨를 조물조물 주물러 드린다.

"네가 무슨 힘이 있니? 간지럽기만 하다."

"잠깐만요. 여기도 주물러 드릴게요."

엄마는 말만 저렇게 하시지 사실 굉장히 좋아하신다. 나는 손이 얼얼할 때까지 엄마에게 안마를 해 드리면서 아빠 생각을 한다.

'아빠가 있음 얼마나 좋아. 엄마 고생도 안하고.'

유명 인사가 되겠다는 내 꿈은 점점 더 확고해졌다. 아빠를 꼭 찾아서 엄마의 고생을 덜어 드려야지.

"엄마! 철학 공부하고 올게요!"

"그래, 열심히 하고 오너라. 형님 너무 귀찮게 하지 말고."

계단을 타고 휘익 내려오는데 괴짜 형님과 똑똑이 남매가 대문을 나서고 있었다.

"뭐야, 나만 빼고 다들 어디에 가는 거야?"

"철구도 같이 가자. 도서관에 가는 길이다. 가서 너희들에게 맞는 철학 도서를 찾아보자."

"형님 방에 책이 저렇게 많은데 도서관까지 가요?"

"없는 책도 많단다. 세상에 책이 얼마나 많은지 아니?"

휴. 괴짜 형님 방에 있는 책도 아직 제대로 읽은 것이 없는데 세상에는 훨씬 더 많은 책이 있다고? 공부 할 것이 이렇게 많다니 갑자기 머리가 아파 온다.

나는 똑순이의 손을 잡고 똑똑이와 괴짜 형님을 따라나섰다. 정말 찌는 듯한 더위였다. 등으로 땀이 주르륵 흘러내렸다.

"형님! 조금 쉬었다 가요!"

"그래, 그러자꾸나."

우리 네 사람은 어느 나무 그늘 아래의 평상에 자리를 잡고 앉았다.

"이런 날엔 형님의 지하 방에서 아이스크림 하나씩을 물고 형님이 들려주시는 옛날이야기나 듣는 게 최고예요!"

"맞아요, 맞아!"

내 말에 똑똑이와 똑순이도 맞장구를 쳤다.

"도서관도 시원하단다. 또 거기엔 재미있는 책들이 아주 많지. 매일 가자고 조르지나 말거라. 아니다. 도서관에 가자는 거면 매일 졸라도 된다. 허허."

그때였다. 멀리서 누군가가 이쪽을 향해 헐레벌떡 뛰어오고 있었다. 계절에 어울리지 않는 고동색 털모자를 눌러쓰고 검정색 선글라스를 코끝에 걸쳤으며 귀에는 이어폰을 꽂고 있는 희한한 할아버지여서 멀리서도 눈에 딱 띄었다. 위아래로 입은 하늘색 한복은 너무 작아서 할아버지가 다리를 움직일 때마다 찢어질 것 같았다. 할아버지는 험상궂은 표정으로 손에 든 지팡이를 마구 휘두르면서 우리가 앉아 있는 평상 쪽으로 점점 가까이 다가왔다.

"우리가 뭐 잘못한 게 있나 봐요. 형님, 도망가요!"

"행님, 무서워요."

형님도 약한 모습을 보이며 주춤거리고 있는데 그 이상한 할아버지는 걸음이 어찌나 빠른지 벌써 헉헉거리며 우리 앞에 떡 하니 서셨다.

"헥헥. 아유, 이거 원, 진작에 몰라봐서 죄송하네유."

"할아버지! 우리는 잘못한 거 없어요. 저희는 할아버지 몰라요."

"헥헥. 저쪽에서부터 혹시나 하는 마음에 선뜻 뛰어오지 못하고 망설였네유. 죄송해유."

정말 이상한 할아버지가 틀림없었다. 갑자기 괴짜 형님 앞에 떡 하니 엎드리시는 것이 아닌가?

"아이고, 할아버지. 왜 이러십니까."

괴짜 형님도 당황하여 얼른 할아버지를 일으켜 드렸다. 그러나 할아버지는 괴짜 형님의 얼굴도 똑바로 쳐다보질 못하고 몸을 부르르 떨며 계속 죄송하다는 말씀만 하셨다.

"죄송해유. 참말로 죄송해유. 제가 몰라뵀네유."

"할아버지는 대체 누구세요? 저희를 아세요?"

더 이상 궁금함을 참지 못한 똑똑이가 물었다. 그러자 할아버지의 험상궂은 표정이 더욱더 일그러졌다.

"아이고, 이런 천하의 버르장머리 없는 놈은 내가 살다 살다 처음 보았네유. 고개를 수그리지 못햐? 감히 뉘 앞에서."

할아버지는 손에 들고 있던 지팡이로 똑똑이의 머리를 탁, 내리치셨다.

"아얏! 할아버지가 대체 뭔데 저를 때리세요?"

"그래두 이놈이! 나로 말할 것 같으면 지리산에서 십 년, 백두산에서 십 년, 금강산에서 이십 년 도 닦은 도인이다."

"에이, 할아버지가 무슨 도인이에요? 이 세상 도인이 다 얼어 죽었나!"

똑똑이는 의심쩍은 눈으로 할아버지를 위아래로 훑어보았다.

"예끼! 이놈이 그래두!"

"아얏!"

할아버지의 지팡이는 또 한 번 똑똑이의 뒤통수를 강타했다.

이 수상한 할아버지가 도인이라고? 하긴 똑똑이의 버르장머리 없음을 단번에 알아채신 거 보니 보통 사람이 아닌 것은 확실하다.

"할아버지, 그런데 사람을 잘못 보신 것이 아닙니까?"

괴짜 형님이 정중하게 물었다. 그러자 할아버지는 감격스러운 표정으로 괴짜 형님의 두 손을 마주 잡는 것이 아닌가?

"지가 팔십 년 동안 찾아다녔네유. 이제는 눈을 감아도 한이 없네유. 이렇게 좋을 때가!"

"저를 팔십 년 동안 찾아다녔다고요? 할아버지, 저는 태어난 지 삼십 년도 안 됐습니다."

"아니구만유. 그렇지 않구만유. 기억이 안 나시나보네유. 스승님! 지를 기억 못하시나유? 지 장포예유. 스승님의 제자 장포예유. 이번 생에도 스승님을 못 찾는 줄 알고 얼마나 눈물을 흘렸다구유."

"어허, 왜 이러십니까, 할아버지. 할아버지가 저의 제자라니요."

"진짜 기억 못 하시나 봐유. 스승님이 바로 맹자님이세유. 환생한 맹자님 말예유!"

"예에?"

"맹자님! 그동안 얼마나 고생이 많았슈. 이제 지가 모실게유. 맹자님!"

뭐? 괴짜 형님이 맹자님이라고? 도인이라는 할아버지의 말에 우리 넷은 어안이 벙벙한 표정으로 서로를 쳐다볼 수밖에 없었다.

철구는 빵을 훔치다 파출소에 간 괴짜 형님을 빵을 훔친 것이 괴짜 형님의 잘못만이 아니라 일정한 직업을 만들어 주지 못한 사회에도 책임이 있다고 말하여 용서를 받도록 해 줍니다. 이것은 맹자의 정치사상의 중요한 부분입니다. 맹자의 말을 직접 들어 보겠습니다.

"백성은 일정한 직업이 없으면 한결같은 마음을 가질 수 없습니다. 한결같은 마음이 없으면 하지 않는 짓이 없게 됩니다. 그렇게 죄에 빠진 다음에 벌을 준다면, 그것은 백성을 짐승 잡듯이 그물로 잡는 것과 같습니다. 그러므로 훌륭한 임금은 백성들에게 일정한 직업을 만들어 주어 위로는 부모를 섬길 수 있고, 아래로는 아내와 자식을 길러 풍년에는 배불리 먹고 흉년에도 죽음을 면하게 해 줍니다. 지금은 백성들에게 일정한 직업을 만들어 준다고는 하지만, 위로는 부모를 섬기기에 부족하고, 아래로는 아내와 자식을 기르기에 부족하여 풍년에도 힘들고 흉년에는 죽음을 면하지 못하고 있습니다. 그래서 죽음을 면하기에도 넉넉하지 못한데 어느 겨를에 예의를 차리겠습니까?

농사하는 때를 잃지 않으면 곡식을 다 먹을 수 없을 정도가 되고, 촘촘한 그물을 웅덩이에 넣지 않으면 물고기를 다 먹을 수 없을 정도가 되고, 도끼로 때에 맞게 산의 나무를 베어 내면 재목을 다 쓸 수 없을 정도가 될 것입니다. 곡식과 물고기를 다 먹을 수 없을 정도가 되고, 재목을 다 쓸 수 없을 정도가 되면, 백성들이 먹고사는 데 부족하지 않을 것입니다. 먹고사는 데 부족하지 않게 해 주는 것이 왕도의 시작입니다.

오백 평의 밭에 뽕나무를 심으면 나이 오십인 사람이 비단옷을 입을 수 있고, 닭과 돼지와 개를 길러 번식하는 때를 잃지 않으면 나이 칠십인 사람이 고기를 먹을 수 있습니다. 만 평의 논밭에서 때를 잃지 않고 농사를 하면 몇 식구 되는 집은 굶주리지 않을 것입니다.

거기에다 학교를 세워서 효도와 공손의 도리를 가르치면 머리가 희끗희끗한 사람이 도로에서 짐을 지거나 이고 다니지 않을 것입니다. 나이 칠십인 사람이 비단 옷을 입고 고기를 먹으며, 일반 백성이 춥거나 굶주리지 않는데도 왕 노릇을 못하는 경우는 없습니다.

개와 돼지가 사람이 먹을 것을 먹는데도 단속할 줄 모르고, 길에 굶어 죽은 시체가 있는데도 창고를 열어 구제할 줄 모르고, 사람이 죽었는데도 내 탓이 아니라 흉년 탓이라고 합니다. 그것은 사람을 칼로 찔러 죽이고서도 내가 아니라 칼이 죽였다고 하는 것과 무엇이 다르겠습니까?"

맹자의 철학 교실

적당한 양분을 얻으면 어떤 생물이라도 성장하지 않는 것이 없다.
인간의 본성인 선도 가꾸고 기르면 크게 잘 자라는 것이다.
– 맹자 –

괴짜 형님이 환생한 맹자라고? 도서관에 가는 길에 만난 이상한 할아버지가 다짜고짜 괴짜 형님께 절을 하더니, 아이고 맹자님! 하는 것이 아닌가! 혹시 사기꾼? 그런데 형님은 자신이 정말 맹자인 것 같다고 하더니, 급기야 맹자의 사상을 알리고자 철학 교실을 열겠다고 한다. 철학 교실에 얼마나 많은 사람들이 올까?

① 철학 교실을 열다

우리는 할아버지를 겨우 때 놓고 괴짜 형님의 지하 방에 모였다.

"사기꾼이 분명해! 요즘 세상에 환생이란 게 어디 있어? 옷차림새부터 벌써 수상하잖아?"

똑똑이는 아까 맞은 뒤통수가 억울했는지 확신에 찬 목소리로 주장했다.

"그러기엔 증거가 너무 확실해."

내가 똑똑이의 말에 반박을 하자 똑똑이는 화가 난 표정을 지어 보였다.

"증거라니? 증거가 어디 있단 말이냐. 영구 눈에는 그 할아버지가 입은 쫄바지도 증거물로 보이나 보지? 흥!"

"지난번에 맹자 책을 읽다가 알게 된 건데 맹자님에게는 진짜로 '장포'라는 제자가 있었다고! 그 할아버지가 진짜 사기꾼이라면 맹자에게 '장포'라는 제자가 있었다는 사실을 어떻게 알았겠어?"

"너 모르는구나? 요즘은 사기 칠 때도 얼마나 치밀하게 계획을 세우는데! 분명히 미리 공부를 했을 거야."

"공부까지 해서 대체 왜 괴짜 형님에게 사기를 치겠냐? 어디 한번 이유를 대 봐!"

나와 똑똑이가 또 싸우려 들자 똑순이는 또 금방이라도 울 것 같은 표정을 지었다. 나는 똑순이 얼굴을 봐서 그만 참기로 했다.

"사실 말은 안 했지만 지난번 괴짜 형님 경찰서 구출 사건 때, 꿈에서 맹자님을 만났어. 그런데 놀랍게도 맹자님의 모습이 괴짜 형님의 모습과 똑같았다고! 난 그 도인 할아버지의 말을 믿어."

내가 그때의 꿈 이야기를 자세히 해 주자 똑똑이도 조금은 놀란 눈치였다.

"어쩐지! 맹자님이 도와주신 거였군!"

그러나 괴짜 형님은 아직까지도 묵묵히 우리들의 이야기만 듣고 계셨다.

 "나는 괴짜 형님이 맹자님이라는 도인 할아버지의 말을 100퍼센트 믿어! 형님! 형님이 바로 맹자님이세요!"

 내가 이렇게까지 말하며 쳐다보자 괴짜 형님의 표정에는 당황스러움이 묻어났다.

 "아니다. 내가 그럴 리가 없다. 맹자님은 내가 존경하는 사상가이시다."

 "아니에요. 형님! 확실해요! 형님께서 바로 맹자님이시라고요!"

 도인 할아버지를 사기꾼이라고 생각하던 똑똑이도 나를 거들기 시작했다.

 "저도 철구의 말이 맞는 것 같아요. 이제 괴짜 형님을 맹자 형님이라고 부르겠어요! 맹자님!"

 괴짜 형님은 한참을 생각하시는 듯하더니 아주 천천히 입을 열어 말씀하셨다.

 "그래. 내가 진짜 맹자라면, 이 세상에 다시 환생한 까닭이 분명 있을 거다."

 "맞아요, 괴짜 형님! 아니, 맹자 형님!"

"그래. 이 각박하고 험난한 사회를 바로잡기 위해서는 맹자의 사상이 반드시 필요하지. 맹자의 사상을 사람들에게 알리겠다. 어떠냐. 우리 본격적으로 철학 교실을 열어 보는 것이!"

괴짜 형님은 주먹을 불끈 쥐고는 힘차게 외치셨다. 괴짜 형님의 그런 표정은 처음으로 보는 것이었다. 그 당당한 사내대장부의 모습은 정말로 맹자님이 다시 태어나신 것만 같았다.

"그래요, 형님! 형님을 돕겠어요! 무슨 일이든지 시켜만 주세요! 열심히 할께요."

내가 형님의 손을 잡자 똑똑이와 똑순이도 형님의 손을 함께 잡고 들어 올렸다.

. "맹자 형님! 만세! 만세! 만세!"

만세 삼창을 한 나와 똑똑이 남매는 앞으로는 괴짜 형님, 아니 맹자 형님에게 힘이 되어 주기로 굳게 약속했다.

다음 날부터 우리 넷은 정신없이 바빠졌다.

맹자 형님은 냄새나는 지하 방을 깔끔히 청소하셨다. 몇 년 만에 동네 목욕탕에도 다녀오셨다. 턱수염도 곱게 빗어 내리셨다.

"와, 맹자 형님의 피부색이 원래 하얀색이었군요!"

"누구세요? 정말 맹자 형님 맞으세요? 몰라보겠어요."

깨끗하고 환해진 맹자 형님의 모습에 우리들은 눈이 부셔서 저마다 칭찬을 늘어놨다.

"야! 똑똑이! 똑바로 못하겠어? 거기 잘 좀 잡아 봐!"

"글씨가 그게 뭐냐? 내가 발로 쓰는 게 더 낫겠다."

나와 똑똑이는 계속 티격태격 싸우면서 집 앞에다 내걸 간판을 만들었다. 이름하여 '맹자의 철학 교실' 이었다. 글씨는 삐뚤빼뚤했지만 대문 앞에 걸고 보니 그럴 듯했다. 똑순이가 할 일은 철학 교실을 알리는 광고지를 만드는 일이었다.

똑똑이네 집 지하 1층에서 맹자의 철학 교실이 열립니다!
맹자님이 직접 자신의 사상을 우리에게 이야기해 주십니다.
매일 오전 10시. 수업료 무료.
많이들 오세요!

똑순이는 방 안 가득 물감과 크레파스를 늘어놓고 얼굴에는 물감 자국을 묻히면서 광고지 안에 예쁜 그림을 그려 넣었다.

오후에는 다 같이 동네로 나가 광고지를 지나가는 사람들에게 나누어 주었다.

"아, 귀찮아요!"

"필요 없어요!"

어떤 사람들은 광고지를 보지도 않고 가방에 쑤셔 넣었고 심지어 몇몇 사람들은 받자마자 땅바닥에 버리기도 했다.

"맹자가 누군데요?"

이렇게 질문을 하는 사람이 나타나면 맹자 형님은 차근차근 맹자님이 누구인지 설명해 주었다. 그리곤 마지막엔 이 말을 절대 빼먹지 않았다.

"그리고 사실은 제가 환생한 맹자입니다."

그런데 이 말을 들은 사람들은 별 이상한 사람 다 보았다는 듯이 힐끗힐끗 쳐다보고는 멀어져 갔다. 이렇게 며칠 동안 우리는 아침부터 광고지를 나누어 주고, 저녁이 되면 지친 몸을 이끌고 집으로 돌아와 단잠에 빠졌다.

드디어 철학 교실이 열리는 날, 똑똑이와 똑순이 그리고 나는 새벽부터 일어나 들뜬 마음으로 준비를 했다. 맹자 형님도 긴장한 모습이었다.

"맹자 형님, 힘내세요! 저희가 있잖아요."

"행님, 힘내요!"

맹자 형님은 오늘 가르칠 내용을 다시 한 번 정리해 보셨고 우리들은 오늘 참석하는 학생들에게 줄 사탕을 예쁘게 포장했다.

"몇 명이나 올까?"

"광고지를 백 장 정도 나눠 줬으니깐 백 명 정도 오지 않을까?"

"아니야, 다들 친구들까지 데리고 올지도 몰라. 이백 명 정도 올 거야."

"그럼 맹자 형님의 지하 방이 좁아서 어쩌지?"

우리가 고민하는 사이 벌써 시계는 정각 10시를 가리켰다. 그러나 아직 한 명도 맹자 형님의 지하 방을 찾지 않았다.

"아, 왜 아무도 오질 않지?"

나는 점점 초조해졌다.

"이 영구야! 광고지에 장소를 잘못 쓴 거 아니냐?"

"흥, 내가 그런 실수를 했을 리가! 다들 똑똑이 네가 싫어서 오지 않는 거라고!"

나와 똑똑이는 이 와중에도 계속 티격태격하였다. 묵묵히 있던 맹자 형님은 헛기침을 한 번 하더니 어두운 표정으로 말씀하셨다.

"어쨌든 첫날이니 수업을 하자꾸나."

우리는 할 수 없이 지하 방에 둘러앉았다. 학생이라고는 똑똑이,

똑순이, 그리고 나 이렇게 세 명이 다녔다.

"형님, 괜찮아요! 첫날인데도 학생 수가 벌써 세 명이나 되잖아요. 이만하면 괜찮은 거예요."

"저는 일당백이라고요!"

우리는 서로를 쳐다보면서 깔깔 웃었다. 그러자 형님의 얼굴에도 미소가 번졌다.

② 인간은 본래 착하다

"인간의 본래 성격, 즉 본성이 착하다는 것에 대해 너희들은 어떻게 생각하니?"

맹자 형님이 물으셨다. 제일 먼저 대답을 한 것은 똑똑이였다.

"맞는 말이에요! 세상에는 나쁜 일도 많이 일어나지만 그래도 99.9퍼센트의 사람들은 착하게 살아가니까요. 나쁜 일을 하는 사람들은 본성이 착하지 않아서가 아니라 경험이나 환경 등의 영향으로 그렇게 된 거라고 생각해요."

오, 똑똑이 녀석 제법인데? 예전에 맹자 형님에게 철학을 헛배운 게 아니로군! 그렇지만 내 생각은 똑똑이의 생각과 다르다.

"저는 그렇게 생각하지 않아요. 똑똑이를 보세요. 똑똑이의 본성이 착하다면 어떻게 그런 못된 짓들을 할 수 있겠어요?"

"으, 이 영구가!"

"아, 농담, 농담!"

나는 목소리를 가다듬고 다시 내 의견을 말하기 시작했다.

"사람의 본성이 착하다면 아무리 환경이 나쁘더라도 나쁜 일을 하진 않을 거예요. 그러니까 사람은 나쁜 일을 할 수 있는 가능성을 원래 가지고 태어난 거죠. 단지 교육을 통해서 그것을 바꾸는 것이라고 생각합니다. 아이들을 보세요. 다들 천사 같다고 하지만 얼마나 이기적인데요? 먹을 것이 생겨도 나눠 먹을 줄도 모르고 막 숨겨 놓고 먹잖아요."

나는 말을 하고 나서 먹을 것 이야기는 괜히 했나 싶었다. 똑순이 앞에서 쪼잔한 남자로 보이는 거 아니야, 이거?

뒤이어 똑순이가 말을 했다.

"저는요……, 사람은 착하지도 나쁘지도 않은 것 같아요. 갓난 아기들은 아무것도 모르잖아요. 그러니까 처음부터 착하거나 나쁘거나 하지 않고, 음, 그냥 자라면서 착하거나 나쁘거나 되는 것 같은데……."

우리 셋의 의견을 모두 들은 맹자 형님은 잠시 생각에 잠기셨다. 그 모습은 평소의 맹자 형님의 모습과는 달랐다. 철학자의 빛이 나는 것 같았다. 맹자 형님이 이렇게 멋있게 보일 때도 있구나.

너무 늠름한 형님의 모습은 말 그대로 맹자님의 모습이다!

"그래, 너희들이 말한 것이 바로 여러 학자들이 지금까지 논해 왔던 것이기도 하다. 그럼 선(善)이란 무엇일까?"

이번엔 내가 먼저 대답을 했다.

"다른 사람에게 잘해 주고 해를 끼치지 않고……, 그런 게 착할 선(善)이란 거 아니겠어요?"

"그래. 그렇다면 악(惡)이란 무엇일까?"

"반대겠지요! 다른 사람에게 못되게 굴고 해를 끼치는 거요!"

"그렇다. 선과 악이라는 것은 그렇듯 사람 사이의 관계에서 나오는 것이기 때문에 사실 개인의 본성과 관련짓는 것은 무리긴 하다. 그러나 더 중요한 것은 그런 생각이 왜 나왔느냐 하는 것 아니겠니? 지금까지 여러 가지 본성에 관한 생각들이 나온 것은 그런 생각들이 그 시대에 필요했기 때문이다. 맹자 역시 자신의 사상을

바탕으로 해서 도덕적인 정치 체계를 세우려고 했다. 그래야 전국 시대와 같은 시대적 혼란이 극복될 것이라고 생각한 것이지. 전국 시대에 대해선 다들 알고 있지?"

"네!"

우리 셋은 똑같이 큰 소리로 대답했다.

"그렇다면 맹자는 인간의 본성이 어떻다고 주장했을까? 이제부터 나의 전생인 맹자가 제자에게 보낸 편지를 읽어 주겠다. 편지 속에 힌트가 있으니 잘 들어 봐라.

제자에게

열심히 공부하고 있지요? 오늘은 우산에 대해 이야기해 볼까 합니다. 비올 때 쓰는 우산이 아니고 우리 집 옆에 있는 산의 이름입니다.

우산의 나무가 예전에는 참 아름다웠습니다. 그런데 주변에 큰 도시가 가까이 들어서자 도시의 사람들이 매일 우산의 나무를 베어서 썼습니다. 그러니 이제는 아름다울 수 있겠습니까?

비가 내리면 싹이 터서 조금 자라는가 싶다가, 곧 소나 양이 뜯어먹어 버립니다. 그래서 지금은 나무가 없는 헐벗은 산이 되었습니다. 사람들은 나무가 없는 산을 보고는 우산에 원래부터 나무가 없었다고 생각합니다. 지금의 모습이 우산의 본래 모습이 아닌데도요!

사람도 마찬가지 입니다. 사람에게는 본래 사랑과 옳음의 마음이 있었습니다. 그러나 우산의 나무를 매일매일 베어 버려 이제는 본래 모습이 남아 있지 않은 것처럼, 매일매일 자신의 양심을 베어 버려서 본래의 사랑과 옳음의 마음이 남아 있지 않게 된 것입니다. 양심이 날마다 조금씩 자라더라도 하루 종일 나쁜 행동을 하여 그것을 없애 버리니까 양심이 거의 사라지게 되어 동물과 큰 차이가 없게 됩니다.

이렇게 해서 동물과 큰 차이가 없게 된 사람을 보고는 원래 양심이 없었다고 생각합니다만, 그것이 어찌 그 사람의 본래 모습이겠습니까?

그러므로 양심이란 잘 기르면 자라나고 기르지 못하면 없어지는 것입니다. 양심을 잘 기르는 그대가 되길 빕니다.

맹자 씀

자, 편지는 여기까지다."

맹자 형님이 읽어 주는 편지의 내용을 모두 들은 나는 똑똑이가 무엇인가를 말하려는 것을 선수 쳐서 큰 소리로 외쳤다.

"아, 맹자님께서는 사람에게는 원래 양심이라는 것이 있는데 사람들이 나무를 베어 쓰듯 양심을 없애 버려 결국엔 동물과 다름없어지는 것이라고 하셨군요! 결국 맹자님께서는 인간의 본성은 원래 양심적이고 착하다는 주장을 하신 거고요!"

"그래, 맞다. 철구는 역시 똑똑하구나."

똑똑이는 기회를 잃은 것이 분했는지 귀를 더욱 쫑긋 세웠다.

③ 성선설의 증거, 차마 어쩌지 못하는 마음

"인간의 본성이 원래 착하다고 주장하는 사상이 바로 '성선설' 이다. 맹자는 바로 이 성선설을 주장했지."

"그런데 인간의 본성이 착하다는 것에 대한 증거라도 있나요?"

이번엔 똑똑이가 물었다.

"그래. 있다. 그 전에 철구에게 묻겠다. 너는 똑똑이의 착한 면을 보았니?"

나는 갑작스러운 질문에 우물쭈물 거리다가 겨우 하나를 생각해 내어 대답하였다.

"전에 똑똑이가 나를 실컷 놀려 먹고 나를 향해 메롱 거리면서 집 대문을 잠가 버린 일이 있었어요."

"엥. 그게 뭐야. 그게 내 착한 면이란 말이냐?"

똑똑이는 부끄러웠는지 얼굴이 빨개졌다.

"아니, 그게 아니고 네가 문을 잠가 버려서 내가 문을 열어 달라고 막 대문을 두들기고 있었는데 계속해서 날 비웃던 네가 갑자기 대문을 황급히 열었어. 알고 보니 네가 문틈으로 밖을 보고 있다가 동네 어귀에서 어떤 여자 아이 하나가 발을 헛디뎌 하수구에 빠지려는 것을 보고 깜짝 놀라 문을 열었던 거야. 너는 얼른 뛰어가서 여자 아이를 붙잡아 주었지."

맹자 형님의 입가에는 웃음이 번졌다.

"똑똑이에게 그런 면이 있었구나."

똑똑이의 얼굴은 더욱 더 빨개졌다.

"저는 그저 똑순이 생각이 나서……."

"그래. 똑똑이는 동생 똑순이도 무척 아껴 주지. 그런 행동을 보면 똑똑이가 얼마나 착한 아이인지 알 수 있다. 그럼 만약 어떤 아이가 우물에 빠지려는 모습을 본다면 사람들은 어떻게 행동할까?"

맹자 형님의 물음에 우리 셋은 모두 깜짝 놀랐다.

"당연히 얼른 구해 내겠지요!"

"그래. 그럴 것이다. 어떤 사람이든지 우물에 빠지려는 아이를 본다면 깜짝 놀라고, 불쌍히 여기는 마음을 갖게 될 것이다. 그것은 그 아이를 구해서 아이의 부모에게 돈을 받으려는 것도 아니요, 다른 사람의 칭찬을 받으려는 것도 아니요, 구해주지 않았다고 비난하는 소리를 듣는 게 싫어서도 아니다. 그저 사람은 모두 남에게 차마 어쩌지 못하는 마음, 불쌍하게 여기는 마음을 가지고 있기 때문이다. 맹자는 이 '남에게 차마 어쩌지 못하는 마음(불인인지심不忍人之心)'이 인간의 본성이 착하다는 증거라고 했다."

'불인인지심'이라니, 무척 어려운 한자였다. 그렇지만 우리는 고개를 끄덕끄덕 했다. 말만 어려웠지, 설명이 쉬워서 이해가 되었기 때문이다.

"그래서 맹자는 남을 불쌍하게 여기는 마음이 없거나, 자신의 잘못을 부끄러워하고 남의 잘못을 미워하는 마음이 없거나, 사양하는 마음이 없거나, 옳고 그름을 가리는 마음이 없으면 사람이 아니라고 했다."

맹자 형님의 말을 듣고 있던 우리의 표정이 점점 사색으로 변해

갔다. 왜냐하면 남을 불쌍하게 여기는 마음, 자신의 잘못을 부끄러워하고 남의 잘못을 미워하는 마음, 사양하는 마음, 옳고 그름을 가리는 마음을 우리가 진짜 갖고 있는지 의문이었기 때문이다. 그럼 맹자가 보기에 우리는 사람이 아닌 걸까?

"형님! 그런데요, 우물에 빠지려는 아이를 보고도 자기가 물에 빠져 죽을까 봐 선뜻 나서지 못하는 사람도 많잖아요? 목숨 걸고 나서기가 쉽지 않은데, 그럴 경우에는 사람이 아닌 건가요?"

나는 평소에 스스로 용기가 부족하다고 생각했기 때문에 잔뜩 불만에 찬 목소리로 말이 나와 버렸다.

"흐음. 조금 어려운 문제이긴 한데, 정답부터 말하면 그건 아니다. 마음과 실천은 다른 문제이지. 마음먹은 대로 다 실천하면서 사는 건 아니잖아. 맹자가 말한 것은 실천에 옮기기 전, 우물에 빠지려고 하는 아이를 보는 순간 아이에게 갖는 불쌍하다는 느낌이다. 이 불쌍하게 여기는 느낌은 사람이면 누구나 똑같이 갖고 있다는 것이 맹자의 생각이다. 안심이 되었느냐?"

우리는 서로 눈치를 보며, 안심이라는 표정을 지어 보였다. 맹자 형님은 우리의 표정이 우스운지 빙긋 웃으면서 말을 계속하였다.

"맹자는 사람들이 모두 남을 불쌍하게 여기는 마음, 자신의 잘못을 부끄러워하고 남의 잘못을 미워하는 마음, 사양하는 마음, 옳고 그름을 가리는 마음을 갖고 있다고 말했다. 이 네 가지의 마음을 보면 사람들이 본래 사랑과 옳음, 예의, 지혜의 네 가지의 덕을 가지고 있다는 것을 알 수 있다. 그래서 맹자가 인간은 본래 선한 것이라고 한 것이다."

사랑, 옳음, 예의, 지혜? 네 가지 덕? 인간이 본래부터 네 가지의 덕을 가지고 있다고? 처음 듣는 소리였다. 내가 덕을, 그것도 네 가지나 가진 인간이었다니!

"정말 네 개나 되는 덕을 인간이 본래부터 가지고 있다는 말이에요? 우와, 믿기지가 않아요!"

"하하하, 자 다들 여기를 보거라."

맹자 형님이 달력 뒷면에다 글자를 써서 잘 보이도록 놓았다.

"맹자가 말한 인간이 가진 네 가지 덕은 인(仁), 의(義), 예(禮), 지(智)이다. 다 같이 읽어보자. 시작!"

"사랑 인!"

"옳음 의!"

"예의 예!"

"지혜 지!"

맹자 형님이 달력을 한 장 넘기더니, 더 많은 글자를 썼다. "자, 여기를 보거라. 인, 의, 예, 지, 이 네 가지 덕이 너희들 속에 있다는 것을 알 수 있는 네 개의 실마리가 바로 네 가지의 마음이다. 다 같이 읽어 보자. 시작!"

맹자 형님의 구령에 맞춰 우리는 달력에 쓰인 한자를 하나씩 하나씩 읽기 시작했다.

"남을 불쌍하게 여기는 마음, 측은지심!"

"자신의 잘못을 부끄러워하고 남의 잘못을 미워하는 마음, 수오지심!"

"사양하는 마음, 사양지심!"

"옳고 그름을 가리는 마음, 시비지심!"

입을 짝짝 벌리고 따라 읽다 보니, 마치 옛날 서당에서 훈장 선생님과 '하늘 천 따 지' 하며 공부하는 것 같았다. 신이 나서 으쓱으쓱 장단을 맞춰 몇 번이고 따라 읽다 보니 저절로 암기가 되었다.

4 4단과 4덕

"행님! 그런데요, 실마리가 뭐예요?"

똑순이가 고개를 갸웃갸웃하며 물었다. 맹자 형님은 빙긋 웃더니 방 한쪽에 놓여 진 반짇고리를 손가락으로 가리켰다.

"똑순아, 너 저기서 실패를 찾아내 보렴. 검은 실패 말고, 흰 실패."

똑순이는 왜 그런 일을 시키는가 의아한 표정이었지만, 맹자 형님이 시키는 대로 반짇고리를 뒤적였다. 그러나 여러 가지 것들이 엉켜 있어서, 실패를 찾는 것이 어려워 보였다. 그때 내 눈에 흰

실이 비죽이 튀어나와 있는 것이 보였다.

"똑순아, 저기! 흰 실이 튀어나와 있네. 그걸 따라가면 흰 실패를 찾을 수 있을 거야."

똑순이는 흰 실이 어디에서 나온 건지 따라가서, 흰 실패를 찾아내었다.

"야! 찾았다!"

"똑순아, 바로 그것이 실마리야. 실마리를 따라가면, 네가 찾고자 한 것을 찾을 수 있단다."

잠시 후, 맹자 형님은 두 주먹을 우리에게 내밀었다. 형님의 두 주먹 사이로는 실마리가 삐져나와 있었다.

"이 실의 끝에는 각각 다른 물건이 매어져 있다. 실의 첫 부분, 즉 실마리만 보고 실의 끝에 매어져 있는 것이 무엇인지 알아맞혀 볼 수 있겠니?"

"네에? 어떻게 실마리만 보고 맞힐 수 있어요?"

우리는 서로의 얼굴만 쳐다볼 뿐이었다. 그때 똑순이가 고개를 갸우뚱거렸다.

"이게 뭐지?"

똑순이는 맹자 형님의 오른 주먹으로 삐져나온 실마리를 만져

보더니 표정이 환해졌다. 그리고는 실마리를 만진 손을 혀로 가져가 맛을 보았다.

"윽, 때찌! 더러워! 똑순아, 배고프니?"

똑똑이는 그런 똑순이에게 난리를 친다. 아주, 자기 동생 하나는 끔찍이 여긴다니깐? 똑똑이에게 아랑곳하지 않고 똑순이는 외쳤다.

"이거, 이거 사탕이에요! 달콤해요!"

"하하. 맞다."

맹자 형님은 쥐고 있던 오른 주먹을 폈다. 역시나 주먹 안에는 실에 매어진 사탕이 있었다. 더운 날씨 때문에 사탕이 녹아서 끈적끈적 실을 타고 흘러내린 거였다.

"그럼 왼 주먹은 내가 맞혀 볼 거야!"

"흥! 웃기시네, 내가 맞힐 거야!"

나와 똑똑이는 맹자 형님의 왼 주먹에 서로 달려들어 실을 만져도 보고 맛도 보았다. 그렇지만 전혀 감이 잡히질 않는다.

"실에는 아무것도 안 묻어 있는데?"

"아무 맛도 안 나고."

그럼 요건 요건? 나는 맹자 형님의 주먹 밖으로 삐져나온 실에 코를 가까이 가져가 보았다. 흠흠흠흠. 앗, 이건?

"동전이에요! 동전! 제가 시장에서 장사를 해 봐서 돈 냄새는 기가 막히게 맡거든요!"

맹자 형님은 웃으며 왼 주먹을 펴 보였다. 역시나 동전 몇 개가 실에 칭칭 매어져 있었다.

"그런데 형님, 이런 게임은 왜 하신 거예요?"

"공부를 했으니 쉬는 시간도 있어야 하지 않겠니? 너희들 이렇게 실마리만 가지고도 실에 매달려 있는 것들을 알아내다니 정말 실력이 대단하구나."

"저희들이 좀 똑똑하죠!"

우리들은 깔깔거리고 웃었다.

"자, 그럼 다시 공부를 해 보자. 우리 아까 인간의 본성이 착한 증거를 뭐라고 했지? 철구가 말해 보거라."

"네! 남을 불쌍하게 여기는 마음, 측은지심! 자신의 잘못을 부끄러워하고 남의 잘못을 미워하는 마음, 수오지심! 사양하는 마음, 사양지심! 옳고 그름을 가리는 마음, 시비지심! 이렇게 모두 네 가지의 마음이 바로 그 증거입니다!"

나는 자신 있게 대답했다.

"그래, 잘 했다. 좀 전에 똑순이는 끈적거리는 느낌과 달콤한 맛으로 그것이 사탕인 줄 알아내었다. 자, 이번엔 남을 불쌍하게 여기는 마음, 측은지심을 바로 실마리라고 하자. 그렇다면 그 실마리를 따라 가다보면 실에는 무엇이 매어져 있을 것 같니? 이번에 똑똑이가 대답해 보거라."

"음, 아까 네 가지 실마리로 네 가지 덕을 알 수 있다고 했으니까……, 사랑 인! 옳음 의! 예의 예! 지혜 지! 중 하나겠네요? 그럼 혹시 사랑 인?"

"그래. 똑똑이도 잘 했다. 사랑 인 이다. 우리가 사랑을 가지고 있다는 것은 측은지심이라는 실마리를 통해 알 수 있다. 단맛이 나는 실마리를 따라가면 사탕을 발견하게 되듯이, 남을 불쌍하게 여기는 마음을 따라가다 보면 결국 그 끝에 매달려 있는 사랑을 볼 수 있을 것이다."

"와. 멋진 말이에요!"

"형님, 낭만적이에요!"

형님은 자기가 생각해도 괜찮은 말 같다고 느꼈는지 스스로도 만족한 듯한 표정을 지어 보였다. 역시 맹자 형님은 최고다. 최고!

그러나 갑자기 무슨 생각이 들었는지 형님의 표정이 어두워졌다.

"또 인간에게는 자신의 잘못을 부끄러워하고 남의 잘못을 미워하는 마음, 수오지심이 있다. 나도 인간으로서 잠시나마 내가 저질렀던 잘못을 부끄러워하고 있다. 너희들 역시 나의 잘못을 미워하지 않았니?"

"아, 형님! 아니에요!"

나는 잊고 지냈던 '괴짜 형님 구출 작전'이 생각났다.

"이렇게 자신의 잘못을 부끄러워하고 남의 잘못을 미워하는 마음, 수오지심의 실마리를 따라가다 보면 역시 네 가지 덕 중 하나인, '옳음 의(義)'가 나온다. 결국 인간은 옳은 것이 무엇인지 알기 때문에 자신의 잘못을 부끄러워하는 것이지."

"옳은 것이 무엇인지 알기 때문에 남의 잘못을 미워할 수 있는 것이지요!"

똑똑이와 똑순이, 그리고 나는 힘차게 대답했다.

"하하하, 녀석들. 그런데 너희들 철학 공부 재미있니?"

맹자 형님의 물음.

"네! 너무나 재밌어요! 맹자의 철학 교실 정말 짱이에요!"

똑똑이와 똑순이, 그리고 나는 또다시 힘차게 대답했다.

잠시 쉬는 시간에 맹자 형님은 바지 주머니에서 지갑을 꺼냈다.

"고향에서 어머니가 용돈을 보내 오셨다. 너무 죄송할 따름이구나."

맹자 형님의 표정에 슬픔이 묻어났다. 맹자 형님도 나처럼 아버지가 안 계신다. 고생만 하신 어머니께 아직까지 제대로 된 효도를 못하는 것이 맹자 형님에겐 가장 큰 슬픔이었다. 그런데 맹자 형님이 갑자기 지갑 속에서 돈을 꺼내어 우리 손에 쥐어 주시는 것이 아닌가?

"너희들 그동안 나를 돕느라 수고했으니, 이걸로 맛있는 것을 사 먹으려무나."

"괜찮습니다! 안 받겠어요."

"왜 이러세요. 돈 필요 없어요! 넣어 두세요."

"행님! 노 땡큐, 노 땡큐."

우리는 저마다 손을 내저으면서 형님이 주시는 용돈을 한사코 거절했다. 도저히 받을 수 없었다. 어떻게 형님이 주시는 돈으로 군것질을 한단 말인가? 우리는 공짜로 철학도 배우고 있는데 말이다.

"너희들, 정말 받지 않을 테냐?"

"네!"

우리는 일제히 대답했다.

"내가 주는 용돈을 사양하는 이유가 뭐냐?"

"그냥……, 받으면 안 될 것 같아서요."

우리 셋은 작은 목소리로 대답했다. 그러자 맹자 형님이 큰 소리로 하하하 웃기 시작하는 거다.

"하하하하하."

"형님, 왜 웃으세요!"

"하하하. 잘 들어 봐라. 너희들이 방금 내가 준 용돈을 사양한 마음, 사양지심의 실마리를 따라가다 보면, 그 끝에는 네 가지 덕 중 하나인 예(禮)가 있다. 우리는 예가 있기 때문에 사양하는 마음을 갖게 되는 거다. 알겠니?"

우리는 입을 떡 벌렸다. 뭐야, 너무하잖아. 우리를 시험하다니! 그것도 쉬는 시간에!

"또 옳고 그름을 가리는 마음, 시비지심의 실마리를 잡고 따라가다 보면 그 끝에는 바로 지혜가 있다. 우리는 지혜, 즉 지(智)가 있기 때문에 옳고 그름을 구별 할 수 있는 거다."

"결론적으로 인간은 마음속에 인(仁), 의(儀), 예(禮), 지(智)를 가지고 있는 것이로군요!"

똑똑이의 대답이다. 나도 질 수 없지!

"그리고 인의예지를 엿볼 수 있는 것이 바로 남을 불쌍하게 여기고 자신의 잘못을 부끄러워하며, 남의 잘못을 미워하고, 사양할 줄 알고, 옳고 그름을 구별할 줄 아는 측은지심, 수오지심, 사양지심, 시비지심인 네 가지 마음이고요!"

"그렇지! 인, 의, 예, 지로 불리는 네 가지 덕을 4덕이라고 부른다. 그리고 측은지심, 수오지심, 사양지심, 시비지심의 네 가지 실마리를 4단이라고 부른다. 이야! 너희들 이제 보니 정말 똑똑하구나."

"오빠들 정말 너무 똑똑해요!"

똑순이는 엄지손가락을 들어 보였다.

"그래, 그럼 이것으로 우리의 첫 번째 철학 수업을 마치겠다! 첫 수업 기념으로 다 같이 떡볶이 먹으러 갈까?"

"앗싸! 좋아요!"

우리는 환호성을 질렀다. 그런데 그때였다.

"여기가 맹자님의 철학 교실 맞슈?"

앗, 맹자 형님의 지하 방문을 빠끔히 열고 부지런히 눈알을 굴리고 계신 저 분은!

바로 도인 할아버지였다! 도인 할아버지가 자신의 '스승님'을 찾아 맹자 형님의 지하 방을 찾아오신 거였다.

맹자는 사람이 본래 착하다고 생각했습니다. 맹자와 고자가 나눈 대화를 들어 봅시다. 고자는 인간의 본성에 대해서 맹자와 많은 이야기를 나누었는데, 고자의 기본 입장은 사람의 마음에는 착함도 없고 착하지 않음도 없다는 것이었습니다.

고자: 사람의 본성은 고여 있는 물과 같습니다. 동쪽으로 터놓으면 동쪽으로 흐르고, 서쪽으로 터놓으면 서쪽으로 흐릅니다. 사람의 본성에 착하거나 착하지 않은 것의 구분이 없는 것은 물에 동쪽과 서쪽의 구분이 없는 것과 같습니다.

맹자: 물에는 참으로 동쪽과 서쪽의 구분이 없지만, 위와 아래의 구분도 없습니까? 사람의 본성이 착한 것은 물이 아래로 내려가는 것과 같습니다. 사람은 착하지 않음이 없고 물은 아래로 내려가지 않음이 없습니다. 지금 물을 쳐서 튀어 오르게 하면 사람의 키를 넘을 수도 있고, 거꾸로 흐르게 하면 산꼭대기로 끌어올릴 수도 있습니다. 그러나 그것이 어찌 물의 본성이겠습니까? 특별한 경우일 뿐입니다. 사람이 착하지 않은 것도 그와 같습니다."

그렇다면 맹자는 사람이 본래 착하다는 것을 어떻게 다른 사람들에게 증명했을까요. 맹자는 사람이 누구나 남에게 차마 어쩌지 못하는 마음, 불쌍하게 여기는 마음을 갖고 있는 것이 사람이 본래 착한 증거라고 생각했습니다.

맹자: 사람은 모두 남에게 차마 어쩌지 못하는 마음을 갖고 있습니다. 예전의 훌륭한 왕은 남에게 차마 어쩌지 못하는 마음을 가지고 남에게 차마 어쩌지 못하는 정치를 하였습니다. 차마 어쩌지 못하는 마음으로 차마 어쩌지 못하는 정치를 한다면 천하를 다스리는 것은 그것을 손바닥 위에서 움직이는 것처럼 쉽습니다. 사람이 모두 남에게 차마 어쩌지 못하는 마음을 갖고 있다는 것은 다음과 같습니다.

사람은 어린아이가 우물에 빠지려는 것을 보면 깜짝 놀라고 불쌍하게 여기는 마음을 갖게 됩니다. 그것은 어린아이를 구해서 그것으로 그 아이의 부모와 사귀려는 것도 아니고, 마을의 친구들에게 칭찬을 받으려는 것도 아니고, 혹은 구해주지 않았다고 비난하는 소리를 듣기 싫어해서 그런 것도 아닙니다.

이것을 가지고 보면, 불쌍하게 여기는 마음이 없으면 사람이 아니며, 자신의 잘못을 부끄러워하고 남의 잘못을 미워하는 마음이 없으면 사람이 아니며, 사양하는 마음이 없으면 사람이 아니며, 옳고 그름을 가리는 마음이 없으면 사람이 아닙니다.

불쌍하게 여기는 마음은 사랑의 실마리이고, 자신의 잘못을 부끄러워하고 남의 잘못을 미워하는 마음은 옳음의 실마리이고, 사양하는 마음은 예의의 실마리이고, 옳고 그름을 가리는 마음은 지혜의 실마리입니다. 사람이 이 네 가지 실마리를 가지고 있는 것은 네 가지 몸체를 가지고 있는 것과 같습니다. 이 네 가지 실마리를 가지고 있으면서도 스스로 할 수 없다고 말하는 사람은 스스로를 해치는 사람이고, 자기 임금은 할 수 없다고 말하는 사람은 자기 임금을 해치는 사람입니다. 나에게 네 가지 실마리가 있는 것을 넓힐 줄 알면 불이 처음 타오르고 샘물이 처음 솟아나는 것과 같이 한이 없을 것입니다. 넓힐 수 있으면 온 세상을 보존할 수 있고, 넓힐 수 없으면 부모를 섬기기에도 부족할 것입니다.

여기서 맹자가 "사람은 어린아이가 우물에 빠지려는 것을 보면 깜짝 놀라서 불쌍하게 여기는 마음을 갖게 된다."고 한 것은 사람이 어떤 생각을 갖기 이전에, 그것을 보는 순간의 느낌을 말하는 것입니다. 그 느낌은 사람이 다 똑같다는 것이지요. 물론 사람은 생각하는 존재이기 때문에 생각에 따라 행동은 달라집니다. '어린아이를 구하다가 내가 물에 빠져 죽으면 어떡하지?'라고 생각하고 구해 주지 않을 수도 있는 것입니다. 그러나 보는 순간 불쌍하게 여기는 느낌은 사람이면 누구나 다 똑같이 갖고 있다는 것이 맹자의 생각입니다.

　네 가지 실마리라는 이야기가 나오지요? 공도자와 맹자의 대화를 듣고 나서 조금 알기 쉽게 설명해 보겠습니다.

　공도자: 고자는 사람의 본성은 착함도 없고 착하지 않음도 없다고 말합니다. 어떤 사람은 사람의 본성이 착하게 될 수도 있고 착하지 않게 될 수도 있다고 말합니다. 그러므로 훌륭한 왕이 정치를 하면 백성들이 착한 것을 좋아하고, 사나운 왕이 정치를 하면 백성들이 사나운 것을 좋아한다는 것입니다. 또 어떤 사람은 본성이 착한 사람도 있고, 착하지 않은 사람도 있다고 말합니다. 그러므로 훌륭한 임금의 시대에도 착하지 않은 사람은 있었고, 사나운 아버지를 두었으면서도 착한 아들이 있었으며, 포악한 임금 밑에도 착한 신하는 있었다는 것입니다. 그런데 지금 선생님께서는 사람의 본성이 착하다고 하시니, 그렇다면 그 사람들은 다 틀린 것입니까?

　맹자: 사람들은 모두 불쌍하게 여기는 마음을 갖고 있으며, 자신의 잘못을 부끄러워하고 남의 잘못을 미워하는 마음을 갖고 있으며, 사양하는 마음을 갖고 있으며, 옳고 그름을 가리는 마음을 갖고 있다. 불쌍하게 여기는 마음은 사

랑이고, 자신의 잘못을 부끄러워하고 남의 잘못을 미워하는 마음은 옳음이고, 사양하는 마음은 예의이고, 옳고 그름을 가리는 마음은 지혜이다. 사랑, 옳음, 예의, 지혜는 밖으로부터 나에게 주어진 것이 아니라, 내가 본래 가지고 있는 것인데, 생각하지 않을 뿐이다.

　말이 좀 어렵지요? 옛날이야기로 설명해 봅시다. 후백제를 세운 견훤 아시지요? 견훤의 탄생 설화는 다음과 같습니다. 설화는 어디까지나 설화이니까 사실과는 다르다는 것을 생각해 두세요.
　어느 집에 어머니와 처녀가 다 된 딸이 살고 있었습니다. 어느 날 아주 잘생긴 총각 한 사람이 등장합니다. 총각은 자연스럽게 딸과 가까워지게 되었지요. 그런데 이 총각이 자신에 대해서 전혀 알려 주지 않는 것입니다. 그 총각은 늘 딸을 찾아왔다가 새벽이 되면 떠나곤 하였습니다. 이에 어머니는 꾀를 내었습니다. 하루는 실타래 끝에 바늘을 꿰어 딸에게 주면서 말했습니다.
　"애야, 그 총각이 떠날 때에 너는 자는 척 하고 있다가 이 바늘을 총각의 옷에 몰래 꼽도록 하여라."
　딸은 어머니가 시키는 대로 했습니다. 다음 날 아침, 어머니와 딸은 실 끝머리부터 시작하여 실을 따라가 보았습니다. 실은 산 너머 큰 저수지 속으로 들어가 있었습니다. 실을 당겨 보니, 큰 지렁이가 딸려 올라왔습니다.
　그럴듯한가요? 역사란 승리한 사람이 자기에게 유리하게 쓰는 경우가 많습니다. 그러니까 비판적으로 읽을 필요가 있습니다. 위의 이야기는 고려 시대 때 고려 시대의 적국이었던 후삼국의 시조에 대한 탄생 설화를 기록한 것이므로 저수지에서 나온 것이 지렁이가 되지 않았나 생각합니다. 똑같은 이야기의 주인공이 고려의 시조인 왕건이었다면, 저수지에서 나온 것이 지렁이가 아니라 용이나 최소한 이무기라고 기록하지 않았을까요?

그럼 위의 이야기에 나온 실이 네 가닥이라고 생각하고, 네 가닥의 실이 저수지에 드리워 있다고 해 봅시다. 지렁이는 보이지 않지만 실 끝머리, 즉 실마리는 보이지요? 맹자가 말하는 네 가지 실마리(사단四端), 즉 불쌍하게 여기는 마음, 자신의 잘못을 부끄러워하고 남의 잘못을 미워하는 마음, 사양하는 마음, 옳고 그름을 가리는 마음은 마음(저수지) 밖으로 드러나기 때문에 볼 수 있습니다. 그러나 사랑, 옳음, 예의, 지혜 자체는 마음속에 있기 때문에 볼 수 없지요. 어머니와 딸이 실마리를 따라서 저수지에 지렁이가 있다는 것을 알 수 있었던 것처럼, 우리는 이 네 가지 실마리를 따라 생각해 보면 사랑, 옳음, 예의, 지혜가 있다는 것을 알 수 있다는 것입니다.

대장부가 되자!

힘으로 사람을 복종시키지 말고, 덕으로 사람을 복종시켜라

— 맹자 —

나를 키우시느라 고생만 하시는 우리 엄마. 엄마는 정말 여장부다. 나는 씩씩한 사내대장부가 되어, 엄마에게 힘이 되고 싶다. 흐음, 사내대장부가 되려면, 어떻게 해야 하지? 뭐? 그걸 알고 싶으면, 철학 교실에 가보라고? 맹자님이 어떻게 하면 대장부가 되는지 알려 주신다고?

① 나는야, 대장부

"제가 감히 늦었슈. 오랜만에 스승님한테 가르침을 받으려니 어찌나 설레던지유. 그래서 늦잠을 자고 말았슈."

설레는데 늦잠을 주무셨다고? 뭔가 앞뒤가 안 맞는 말 같지만 그냥 넘어가자. 아무튼 도인 할아버지는 며칠 사이에 더욱 정정해지신 듯 했다.

"예끼 이눔! 그간 스승님 잘 모셨슈? 껄껄."

"아얏! 할아버지는 왜 저만 가지고 그러세요!"

도인 할아버지가 휘두른 지팡이에 또 뒤통수를 얻어맞은 똑똑이
는 아주 화가 난 표정이다.

"스승님! 이런 버르장머리 없는 놈은 기냥 내다 버리셔유! 껄껄.
건강은 어떠슈. 진지는 잘 잡수셨슈?"

"아. 예……."

맹자 형님은 도인 할아버지가 자신에게 '스승님'이라고 부르며 존
댓말을 쓰자 어쩔 줄을 몰라 했다. 나는 그 모습이 너무 재밌었다.

"사실은 지가 아직두 끼니를 못 때웠슈. 찬밥 남은 거 있음 좀 주
실래유?"

맹자 형님의 집에 변변한 끼닛거리가 있을 리 없다. 결국 똑똑이
가 1층 집에 올라가서 뜨뜻한 밥 한 공기와 된장국 한 그릇, 배추
김치로 차린 상을 내왔다.

"후루룩 쩝쩝, 얌얌, 쩝쩝."

도인 할아버지가 진지를 잡수시는 속도는 맹자 형님이 마파람에
게 눈 감추듯 떡을 먹는 속도보다 더 빠르다. 이것은 정말 빛의 속
도와도 비교할 수 없다. 놀랍다.

"아이구, 잘 먹었슈. 배가 빵빵하니 아주 터지겠슈. 이게 다 스승
님의 은덕이구만유."

"흥! 밥은 누가 차려 온 건데?"

똑똑이는 입을 삐죽거렸다.

"배부르고 등 따시니 낮잠을 좀 자야겠슈. 스승님 앞에서 하면 안 되는 일인 줄은 알지만유 지가 나이가 나이인지라유."

"예, 주무시지요."

맹자 형님은 이불까지 손수 펴 주셨다. 그 속으로 쏙 들어가 누우신 도인 할아버지는 곧 코를 골기 시작했다.

"드르렁 쿨쿨, 드르르르르르르르렁 쿨쿨."

"오빠야, 무서워."

똑순이는 도인 할아버지의 코 고는 소리에 놀라서 똑똑이의 뒤로 숨었다.

"형님은 뭐 저런 할아버지한테 그렇게 잘해 주세요?"

똑똑이의 불만 섞인 목소리가 터져 나왔다.

"어허, 연세 많으신 할아버지께 그렇게 말하면 쓰나. 그리고 저분은 전생에 내 제자가 아니었니. 너도 더 이상 불만스러워하지 말고 잘해 드려야 한다."

"그래도 그건……."

똑똑이는 형님이 그렇게까지 말씀하시니 어쩔 도리가 없다는 표정이었다. 어쨌든 도인 할아버지의 갑작스러운 등장 덕분으로 떡볶이를 먹으러 가자는 약속은 날개를 달고 저 멀리 날아가 버리고 말았다. 똑똑이와 똑순이는 1층 자기 집으로, 나는 2층 나의 집으로 올라왔다.

"철학 수업은 재밌었니?"

"에구, 깜짝이야!"

엄마였다. 엄마는 분명히 아침 일찍 일을 하러 나가셨는데! 그리고 아침 일찍 나가시면 밤늦게야 돌아오시는데!

"오늘은 어쩐 일로 이렇게 일찍 오셨어요?"

"으응. 그냥 그럴 일이 있었다."

엄마는 방 한편에 이불을 깔고 누워 계셨다. 그런데 엄마의 얼굴빛이며 목소리가 좋지 않았다. 나는 뭔가 이상해서 엄마 곁에 다가가 이마를 짚어보았다.

"앗, 뜨거! 엄마! 열나요!"

"으응."

"어서 병원에 가요!"

"병원엔……, 다녀왔다. 약도 먹었어. 그러니 금방 나을 거다."

나의 눈앞이 흐려졌다. 그리고 주르륵 눈물이 양 볼을 타고 흘러

내렸다.

"엄마! 죄송해요. 다 저 때문이에요. 저 때문에 엄마는 고생만 하시고."

"얘가, 왜 이래. 징그럽게! 엄마는 괜찮대도."

"제가 열심히 공부할게요! 그래서 꼭 훌륭한 사람이 될게요!"

"우리 철구, 철들었네? 이런 모습을 네 아빠가 보셨다면 정말 좋아하셨을 텐데……"

나는 손으로 눈물을 닦았다.

'걱정 마세요, 엄마. 꼭 아빠를 찾을게요. 그래서 더 이상 엄마 고생 안 시켜드릴 거예요.'

나는 마음속으로 굳게 다짐했다. 그리고 엄마를 꼭 껴안고 엄마 냄새를 맡으면서 달콤한 낮잠에 빠졌다.

다음 날, 나는 두 번째 철학 수업을 들으러 지하 방으로 내려갔다.

"철구야, 어머니는 괜찮으시니?"

맹자 형님이 물으셨다. 어제 저녁에 엄마 약을 사러 약국에 갔다 오는 길에 형님을 만났던 것이다. 나는 시무룩한 목소리로 대답했다.

"아직 몸이 불편하신데도 일하러 나가셨어요."

그런데 어찌된 일인지 도인 할아버지는 보이질 않았다. 내가 두

리번거리자 똑똑이가 말했다.

"철학 수업 시작할 시간이 다 됐다고 하니깐 무지 바쁜 일이 생겼다면서 후다닥 나가버리셨어! 거 봐. 이상한 할아버지야!"

똑순이도 보이질 않았다.

"똑순이는 왜 안 내려와?"

"똑순이? 걘 오늘 아침에 여름 캠프 갔다. 강원도로!"

나는 더욱 시무룩해졌다. 나한테 말 한마디 안하고 여름 캠프에 가 버리다니. 정말 섭섭하다.

오늘은 두 번째 수업인데도 여전히 아무도 찾아오지 않았다. 맹자의 철학 교실이 유명해져야 사람들이 맹자님의 사상에 대해 관심을 가질 테고, 그래야 이 잘못된 사회도 바로 세울 수 있을 텐데! 덩달아 나도 유명해지고 말이다. 이래가지고 어떻게 맹자님의 사상을 세상에 널리 알릴까 싶다. 또 어떻게 내가 유명해져서 아빠를 찾을 수 있을까 싶기도 하고 말이다.

"철구야! 사내대장부가 그렇게 축 늘어져 있으면 되겠니?"

내가 좋지 않은 표정으로 앉아 있자 맹자 형님이 큰 소리로 물으셨다. 나는 애써 기운을 내서 힘차게 말했다.

"네! 저는 씩씩한 사내대장부예요!"

"아, 저도, 저도요!"

똑똑이도 덩달아 외쳤다. 그런데 나는 갑자기 궁금해졌다.

"그런데 형님! 사람들이 다들 사내대장부, 사내대장부 하는데 대장부의 진짜 뜻은 뭔가요? 사실 뜻을 잘 모르는데도 남들이 쓰니까 저도 따라 썼어요."

"저도요, 형님!"

똑똑이도 우물쭈물 말했다.

"하하. 그럼 오늘은 대장부에 대해서 배워 보자꾸나."

"네? 철학 시간엔 철학 공부를 해야지요. 그건 그냥 다음에 알려 주세요."

그러자 맹자 형님은 껄껄 웃으셨다.

"사실 '대장부' 라는 말은 맹자가 한 말이다. 몰랐지?"

와, 정말 몰랐다. 우리가 흔히 쓰는 사내대장부라는 말을 맹자님께서 하셨다니! 정말 맹자님은 양파 같은 분이시다. 아무리 껍질을 까고 또 까도 또 다른 껍질이 나오는 것처럼 아무리 배우고 또 배워도 새로운 사상과 이론이 쏟아져 나오니! 보너스로 감동의 눈물까지! 히히.

"장부란 너희들이 짐작하는 것처럼 원래 씩씩한 남자, 훌륭한 남자를 뜻하는 말이다. 그렇지만 단지 남자만을 두고 하는 말은 아니야. 요즘에는 여장부도 많다! 철구의 어머니를 보아라. 철구가 훌륭하게 자라나는 것만을 바라시며 열심히 일하시는 모습이 정말 여장부 같지 않니?"

"하하. 맞아요. 우리 엄마는 정말 여장부세요!"

"그래, 철구의 어머니야말로 진짜 여장부라고 할 수 있다. 자, 그럼 대장부는 뭐겠니? 대(大)장부니까 장부 중의 장부를 말하는 거란다."

대장부라고 하니 무거운 갑옷을 입고 큰 칼을 옆에 찬 장군의 모습이 떠올랐다.

"음……, 그러면 세상을 호령하고 지배하는 사람이 대장부인가요?"

"맞아, 맞아. 나도 그 생각 했어. 내 키보다도 더 긴 칼을 가볍게 번쩍번쩍 드는 장군 말이야."

똑똑이의 말에 나도 가볍게 응수했다. 그런데 맹자 형님은 고개를 저으셨다.

"아니다. 그런 사람을 대장부라 하지 않는다. 맹자가 대장부에 대해 한 말을 들어 보거라.

천하의 넓은 곳에 거하며,

천하의 바른 지위에 서며,

천하의 큰 도를 행한다.

뜻을 얻으면 백성과 더불어 함께하고,

뜻을 얻지 못하면 홀로 그 도를 행한다.

부하고 귀하여도 도리에 어긋나지 않고,

가난하고 낮은 위치에 있어도 지조가 변하지 않으며,

위협과 무력에도 굽히지 않을 수 있는 사람,

이를 일컬어 대장부라 칭한다.

 정리하자면, 큰 뜻을 품고 그것을 이루기 위해 꾸준히 노력하는 사람이 대장부다. 대장부는 자신이 원하던 뜻을 이루더라도 결코 잘난 체하거나 교만하지 않아야 한다. 또 뜻을 이루지 못하더라도 비굴해지지 않는다. 어떠냐, 너희들도 대장부가 되고 싶지 않으냐?"

 "우와! 생각했던 것보다 훨씬 멋있어요! 저도 대장부가 되고 싶어요. 어떻게 하면 대장부가 될 수 있어요?"

 똑똑이가 물었다.

 "글쎄. 과연 똑똑이 네가 대장부가 될 수 있을까?"

 "……"

앗, 뭐지. 내가 놀리는데도 똑똑이는 나를 꼬집거나 때리지 않는다.

"난 대장부로서 네가 놀려도 꾹 참고 어른답게 행동할 거다."

우하하. 나는 그만 웃음을 터트리고 말았다. 짜식, 어지간히 대장부가 되고 싶은가 보군!

"좋은 질문이다. 대장부가 되려면 어떻게 해야 할까? 맹자는 말하였다. 대장부가 되려면 '호연지기'를 길러라, 하고 말이다."

"호연지기요?"

"호연지기란 게 뭐지요?"

나와 똑똑이는 동시에 물었다. 그러나 맹자 형님은 고개를 갸우뚱하셨다.

"호연지기가 뭔지 말하기 어렵구나."

"네에? 말하기 어렵다고요?"

② 호연지기를 기르자!

"혹시 호연지기가 뭔지 모르시는 거 아니에요?"

똑똑이는 의심쩍은 눈으로 맹자 형님을 바라보았다. 사실 나도 좀 의심스럽다. 맹자 형님이 설마 맹자님이 말씀하신 사상을 모르시는 건 아니겠지?

"호연지기를 기르는 것은 말로 하는 것이 아니라 몸으로 하는 것이기 때문에 말하기 어렵다고 한 것이다."

"몸으로요?"

"그렇다. 호연지기란 대장부에게서 나오는 어떤 기운 같은 것인데 올바른 행동을 해야만 길러질 수 있는 것이다. 너희들은 몸으로 해 보지도 않고 말로만 듣고서 잘 이해했다고 자부한 적이 있지 않니?"

똑똑이가 대답했다.

"네! 태권도를 배운 적이 있었는데요. 처음에 태권도 책 몇 권을 신나게 읽고 또 사부님의 설명을 무척 많이 들어서 제가 태권도를 잘 하는 줄 알았어요. 그런데 막상 몸으로 해 보니까 전혀 안되더라고요."

"그렇다. 나도 전에 바둑을 배운 적이 있었다. 나는 바둑책 몇 권을 공부하고는 내 실력이 엄청 향상된 것 같은 착각에 빠졌었지. 그런데 막상 친구와 대국을 해 보니 실력은 여전히 제자리였다. 마찬가지로 호연지기를 기르는 것은 말로 하는 것이 아니라 올바른 행동으로 하는 것이다."

"옳음 의?"

"그래, 잘 말해 주었다. 호연지기는 의를 행함으로써 기르는 것이다. 의를 행하는 것을 집의(集義)라고 해. 그러니 아무리 호연지기를 기르겠다고 수십 번 말해도 행동을 하지 않으면 길러지지 않는단다."

"그러면 내내 옳은 행동을 하다가 어쩌다 옳지 못한 행동을 하면 호연지기는 어떻게 되나요?"

"흐음, 좋은 질문이구나. 맹자가 한 말을 들어 보거라.

그 기운은 지극히 크고 지극히 굳세니, 올바른 행동으로 길러서 해치지 않으면 천지 사이에 꽉 차게 된다. 자기가 어떤 행동을 했는데, 자신의 마음속에 만족이 없다면, 그 기운은 줄어든다.

이 말이 무엇이냐면, 너희들도 경험을 해 보았을 것이다. 씩씩하게 행동하다가도 스스로 마음에 조금이라도 꺼리는 구석이 있다면 씩씩하지 못하고 남의 눈치를 살피고 의기소침해 지지 않더냐? 다들 알다시피 나도 이번에 그런 경험을 했다. 내가 경찰서로 끌려갔을 때, 스스로 너무 부끄러웠기 때문에 나는 매우 의기소침해졌다. 기운을 잃고 풀이 죽었다는 뜻이다. 그러나 잘못을 뉘우치고 반성했을 땐 마음속의 크고 굳센 호연지기의 기운을 느꼈다."

"결국 씩씩하고 떳떳하게 행동하면 대장부가 될 수 있고 호연지기도 기를 수 있는 것이군요!"

똑똑이가 깔끔하게 정리를 하자 맹자 형님도 방긋 웃었다.

"그래. 하지만 대장부가 되겠다는 욕심으로 너무 빨리 목표에 도달하려고 하면 안 된다. 그렇다고 목표 따위 잊고 마음대로 살아서도 안 돼!"

"네! 맹자 형님!"

우리는 힘차게 대답했다.

"너희들이 이해도 빠르고 말도 잘 들으니 너무 좋구나. 그럼 상을 받아야지. 우리 아제 못 먹은 떡볶이나 먹으러 갈까?"

"와아!"

맹자 형님과 똑똑이, 그리고 나는 신나게 떡볶이 집으로 향했다. 철학대학교 앞에 위치한 아주 작은 떡볶이 집.

그런데 떡볶이 집 이름이 특이하게도 '대통령 떡볶이 집'이다. 혹시 주인아저씨가 대통령이신가?

"여기 떡볶이 삼 인분만 주세요! 삶은 계란도 많이 넣어 주세요!"

"예! 손님들, 잠시만 기다려 주세요!"

주인아저씨는 철판 위에다가 신나게 떡볶이 재료를 볶기 시작하셨다.

쫄깃하고 길쭉한 떡이 고추장, 어묵, 갖은 야채와 함께 버무려져서 윤기 있고 맛있는 떡볶이로 변신하는 과정은 언제 봐도 재밌고

군침이 돈다.

"자, 맛있는 떡볶이 나왔습니다!"

"앗싸!"

우리 셋은 그야말로 마구 달려들어서 허겁지겁 떡볶이를 먹기 시작했다.

무엇이 떡이고 무엇이 어묵이고 무엇이 양파인지 구별할 새도 없이 닥치는 대로 포크로 찍어 입으로 가져갔다. 결국 떡볶이 그릇에 묻은 국물까지 싹싹 긁어 먹고서야 우리는 겨우 포크를 내려놓았다.

"아이구, 배부르다!"

"배가 빵빵해졌다. 도대체 왜 이렇게 맛있는 거야?"

"아저씨! 떡볶이가 너무 맛있어요!"

나의 칭찬에 아저씨는 허허 웃으시며 말씀하셨다.

"당연히 맛있고말고요. 우리 집 떡볶이는 대통령도 드시고 가신걸요? 그래서 우리 집 이름도 '대통령 떡볶이 집'으로 바꾸었지요."

"와. 대통령도 이 집에 왔었다고요?"

"그래서 이 가게 이름이 '대통령 떡볶이 집'이로구나! 대단해요!"

우리가 놀라자 주인아저씨는 으쓱해지셨는지 벽에 걸린 액자를

가리키시며 계속 자랑하셨다.

"이쪽 벽에 걸려 있는 이 액자가 바로 대통령이 우리 집 떡볶이를 잡수시는 모습을 찍은 사진이고요, 또 저쪽 벽에 걸려 있는 저 액자가 바로 대통령의 사인입니다! 또 저 의자가 바로 그 날 대통령이 앉으셨던 의자고요!"

"우와!"

"대통령이 다녀가셨다는 소문이 돌자 우리 떡볶이 가게도 엄청 유명해졌어요! 주말에는 앉을 자리가 없답니다!"

"우와! 우와!"

우리는 연이어 감탄을 했다. 어디선가 대통령이 철학대학교 출신이라는 이야기를 들었는데 아마도 오랜만에 모교를 찾으셨다가 이 떡볶이 집에도 들르신 게 아닌가 싶었다.

우리는 떡볶이 집을 나와서도 계속 떡볶이 집 이야기를 했다.

"정말 대단해! 아까 대통령 사진 봤어? 대통령도 떡볶이를 드시나 봐. 신기해. 어쩐지, 요즘 그 떡볶이 집을 지날 때 보니 늘 손님으로 북적이더라고! 그게 다 이유가 있었어!"

똑똑이는 입을 다물지 못했다.

"내가 대통령을 만났다면 청년 실업 문제에 대해 이야기를 드렸을 텐데. 참 안타깝구나."

맹자 형님은 한숨을 푹 쉬며 말씀하셨다. 나는 안타깝다는 생각이 들었다.

"우리 철학 교실에도 대통령 아저씨가 다녀가셨으면 좋겠어요. 그럼 그 떡볶이 집처럼 유명해질 것 아니에요? 그럼 맹자님의 사상도 세상에 널리 알리기 쉬워질 테고!"

내가 말하자 똑똑이는 말도 안 된다는 표정을 지으며 말했다.

"말도 안 돼. 대통령 아저씨가 어떻게 우리 철학 교실을 알고 오시겠어? 에휴."

그러나 똑똑이의 말에 맹자 형님은 웃으면서 농담처럼 말하셨다.

"언제 한번 초대하자꾸나. 현재 대통령도 임기가 끝나면 좀 한가해지지 않겠니. 대통령의 임기가 5년인 건 다들 알고 있지? 5년도 다 채워져 가니 곧 새 대통령을 뽑기 위한 선거가 시작될 거다."

"우하하. 그래요. 현재의 대통령 아저씨가 한가해지시면 언제 한번 초대하자고요!"

똑똑이는 맹자 형님의 말에 맞장구치며 웃었다.

아!

그때 내 머릿속을 번개처럼 뚫고 지나간 생각이 하나 있었으니!

강철구. 나는 대체 왜 이렇게 똑똑한 것이냐. 대체 무슨 생각을 했

느냐고? 그건…….

쉿. 우선은 비밀이다! 히히

공손추라는 제자가 맹자에게 물었습니다.

"선생님은 어디에 뛰어나십니까?"

그러자 맹자는 이렇게 답했습니다.

"나는 나의 호연지기를 잘 기른다."

맹자의 말을 들은 공손추가 다시 물었습니다.

"호연지기란 무엇입니까?"

그러자 맹자는 이렇게 답했습니다.

"말하기 어렵다."

맹자가 말하기 어렵다고 한 것은 호연지기를 기르는 것이 말로 하는 것이 아니라 몸으로 하는 것이기 때문이었을 것입니다. 똑똑이가 말한 것처럼, 예를 들어 우리가 태권도를 배운다고 할 때, 선생님의 시범을 눈으로 보고 자기도 몸으로 따라서 연습해야 합니다. 말로만 설명한다면 어렵고, 또 아무리 말로 해서 잘 이해했다고 하더라도 몸으로 익히지 않으면 그 사람이 태권도를 한다고 할 수는 없을 것입니다. 태권도 책 열 권을 줄줄 외워도 몸으로 할 줄 모르면 그는 결코 승급이나 승단을 할 수 없지요.

맹자는 호연지기에 대해 이렇게 말했습니다.

"그 기운은 지극히 크고 지극히 굳세니, 올바른 행동으로 길러서 해치지 않으면 천지 사이에 꽉 차게 된다. 자기가 어떤 행동을 했는데, 자신의 마음속에 만족이 없다면, 그 기운은 줄어든다."

그렇습니다. 맹자가 말한 것은 우리가 일상생활에서 쉽게 경험할 수 있는 일이지요. 씩씩하게 행동하다가도 스스로 마음에 조금이라도 꺼리는 구석이 있다면 씩씩하지 못하고 남의 눈치를 살피고 의기소침해지는 것입니다.

또한 맹자는 호연지기를 기르기 위해서는 '반드시 끊임없이 노력하면서도 빨리 목적에 도달하려고 하지 말고, 그렇다고 마음속에서 잊지 말고, 조장하지도 말아야 한다.'고 강조했습니다. 그러면서 맹자는 송나라 사람의 이야기를 했습니다.

"송나라 사람처럼 하면 안 됩니다. 송나라 사람 가운데 벼의 싹이 자라지 않는 것을 걱정해서 뽑아 준 사람이 있었습니다. 그는 정신없이 돌아와서 가족들에게 '내가 오늘 엄청 피곤하다. 내가 벼의 싹이 자라는 것을 도와주었다.'고 말했습니다. 자녀들이 논에 달려가 보니 싹이 말라 죽었습니다."

이것이 조장(助長)이라는 유명한 고사입니다.

맹자는 사람들에게 씩씩하고 떳떳하고 대장부답게 살라고 말합니다. 남자와 여자에게 다 해당하는 말입니다. 우리는 지금 얼마나 씩씩하고 떳떳하게 살고 있나 반성하게 됩니다. 맹자는 제후에게 조금만 뜻을 굽히고 벼슬을 하여 좋은 결과를 얻으라는 제자의 말에 대해, 결과도 중요하지만 올바른 방법으로 살아야 한다고 강조하였습니다. 또한 맹자는 같은 내용의 말을 한 임금에 대해서도 자신의 뜻을 굽힐 수 없다며 다음과 같이 말했습니다.

"물고기 요리도 내가 원하는 것이고 곰발바닥 요리도 내가 원하는 것이지만, 둘 다 함께 먹을 수 없을 때는 물고기 요리를 놔두고 더 맛있는 곰발바닥 요리를 택한다. 마찬가지로 사는 것도 내가 원하는 것이고 옳은 일도 내가 원하는 것이지만, 둘 다 함께 취할 수 없을 때는 사는 것을 버리고 더 중요한 옳은 일을 취한다.

사는 것도 내가 원하는 것이지만 사는 것보다 더 원하는 것이 있다. 그러므로 구차하게 살지 않는다. 죽는 것도 내가 싫어하는 것이지만 죽는 것보다 더 싫어하는 것이 있다. 그러므로 어려움도 피하지 않는다.

그래서 사는 방법이 있어도 쓰지 않는 경우가 있고, 어려움을 피할 수 있어도 하지 않는 경우가 있다. 한 그릇의 밥과 한 그릇의 국을 먹으면 살고 먹지 않으면 죽는다고 하더라도 욕하면서 주면 보통 사람도 받지 않고, 발로 차서 주면 거지도 받지 않는다."

괴짜 형님을 청와대로!

정치라는 것은 자기 한 사람이 즐기려 해도 결코 즐길 수 없는 것이다.
항상 백성과 즐거움을 함께 한다는 생각이 필요하다.

– 맹자 –

나의 꾀로 대통령 선거에 출마하게 된 과짜 형님! 처음엔 우리의 초라한 행색을 보고 많은 사람들이 비웃었지만, TV 합동 토론회를 통해 맹자 형님은 일약 스타가 된다. 그런데 그 이상한 할아버지가 다시 나타나서, 대통령 선거에 나가지 말라고 하는 것이 아닌가! 형님이 대통령이 되어야 이 나라를 바로 세우고 아빠도 찾을 수 있는데……

기호 4번 맹자 후보

"잡아랏!"

"여기도 있어요! 맹자 형님!"

"게 섯거라! 에고, 또 놓쳤네."

"아악. 여기도요!"

지금 맹자 형님과 나는 파리를 잡는 중이다. 똑순이가 여름캠프
에서 돌아오자마자 똑똑이네 가족들은 다 같이 시골 할머니 댁에
내려가 버렸다. 그게 벌써 일주일 전의 일이다. 덕분에 맹자의 철

학 교실도 잠시 여름방학을 가지게 된 터라 형님과 나는 매우 심심한 오후 시간을 보내고 있다. 매일 치고 박고 티격태격 지겹게 싸우던 똑똑이였는데 막상 눈앞에 없으니 허전하기 그지없다.

"맹자 형님! 우리 집에 올라가서 텔레비전이라도 봐요!"

"그, 그럴까?"

형님의 지하 방에는 텔레비전이 없기 때문에 우리는 2층 우리 집으로 올라왔다. 우리 집의 하나뿐인 텔레비전은 비록 작고, 이사를 많이 다녀 여기저기 흠집이 많이 나 있지만 아직 20년은 더 쓸 수 있다.

"만화 봐요, 만화! '지구 왕자 몬스터' 할 시간인데!"

"뉴스 틀어라!"

"네."

나는 다소곳하게 뉴스 채널을 틀었다. 마침 대통령 선거에 관한 뉴스가 나오고 있다.

"17대 대통령 선거 후보 등록이 마감되었습니다. 모두 4명의 후보가 등록을 하였는데요, 특이한 점은 후보 중 한 명의 이름이 '맹자'라는 사실입니다!"

맹자 형님은 허허 웃으셨다.

"진짜 이름이 맹자인 정치인도 있군, 그래!"

뉴스는 계속해서 흘러나왔다.

"더욱 더 놀라운 것은 맹자라는 이름을 가진 후보가 전혀 정치 경험이 없다는 점입니다. 또한 철학대학교를 졸업한 뒤 철학 교실을 운영한다는 사실 외에는 전혀 알려진 것이 없는 베일에 가려진 인물이라는 점도 놀랍습니다. 맹자 후보는 어린 학생을 시켜 후보 등록을 끝마치는 등 자신의 신분을 철저히 감추고 있습니다!"

여기까지 방송이 나오자 나는 슬금슬금 도망갈 준비를 했다. 맹자 형님의 얼굴이 울그락불그락 해졌기 때문이다.

내가 조심조심 운동화를 꿰어 신고 나서 현관문을 열었을 때, 비로소 뉴스를 다 보신 맹자 형님이 쿵쿵 소리를 내시며 나를 향해 돌진하셨다! 그리고 무시무시한 목소리로 고함을 지르셨다!

"네 이놈! 강! 철! 구! 대체 무슨 일을 저지른 거냐!"

다음 날, 똑똑이와 똑순이가 시골 할머니 댁에서 부랴부랴 올라왔다.

"뉴스 보자마자 부리나케 올라왔어! 정말 우리 맹자 형님 맞아?"

"행님이 뉴스에 나왔쪄요!"

맹자 형님이 직접 후보 등록을 했다고 생각한 똑똑이와 똑순이는 신나서 호들갑을 떨었다.

"맹자 형님 정말 짱이다! 그래! 나라를 바로 세우려면 우선 대통령이 되어야지!"

"그게, 사실⋯⋯."

"하긴 우리 맹자 형님만큼 대통령에 적합한 인물도 없어! 암, 그렇고 말고!"

"그, 그게 말이야."

내가 우물쭈물 거리고 있는데 굳은 표정의 맹자 형님이 나타나셨다. 그리고 단호한 목소리로 말하셨다.

"지금 가서 후보 등록은 가짜였다고 밝히겠다."

그제야 사태를 파악한 똑똑이와 똑순이는 나를 향해 눈을 흘겼다. 그러나 나, 강철구, 한 번 굳건하게 정한 목표를 쉽게 뒤바꾸진 않는다. 나는 당당하고 씩씩한 사내대장부니까!

나는 맹자 형님 앞에 무릎을 꿇었다. 그리고 나의 속마음을 말하기 시작했다.

"맹자 형님! 안됩니다. 형님이 말씀하시질 않았습니까? 이 각박하고 험난한 사회를 바로잡기 위해서는 맹자의 사상이 반드시 필요하다고요! 나라의 대통령이 되어 주세요! 대통령이 되어서 맹자의 사상을 바탕으로 올바르게 정치를 해 주세요! 그래서 모든 국민들에게 직업을 만들어 주시고 모든 국민들이 형님을 희망 삼아 큰 꿈을 갖게 해 주세요!"

똑똑이와 똑순이도 나의 말에 감동을 했는지 거들기 시작했다.

"맹자 형님! 대통령이 되어 주세요!"

"저희가 힘껏 도울게요!"

한참을 가만히 듣고만 계시던 맹자 형님이 천천히 몸을 수그리셨다. 그리고 무릎을 꿇은 나의 손을 잡으셨다. 형님의 손길은 부드럽고 따뜻했으나 어떤 강한 힘이 느껴졌다.

"일어나거라. 너희들의 마음은 알겠다만, 정치란 것이 뭔지나 알고 이러는 거냐."

"맹자님이 무항산무항심이라고 했잖아요. 백성을 사랑하는 정치의 시작 말이에요."

"맞아쪄요, 행님. 백성을 사랑하는 정치 그거 해 주세요."

똑순이가 맹자 형님을 붙잡고 졸라 대었다.

"애들아, 백성들이 먹고사는 데 부족하지 않게 해 주는 것은 왕도의 시작이지, 왕도의 완성이 아니란다."

맹자 형님의 말투가 다소 누그러졌다.

"왕도가 뭐예요?"

"쯧쯧, 왕도도 모르면서 나에게 정치를 하라니, 떽! 잘 들어라. 왕도란 덕으로 하는 정치를 말하고 패도란 힘으로 하는 정치를 말한다. 학교의 학급 반장을 생각해 보려무나. 반장이 친구들의 의견을 잘 듣고 일이 있을 때마다 찬찬히 설명해 주고 동의를 구하면서 일을 하면, 그 반장은 덕으로 학급을 이끌어 간다고 할 수 있다. 반면에 반장이 일방적으로 시키고 말 안 들으면 때린다고 위협하고, 힘센 몇 친구와 손을 잡고 대다수 반 아이들의 의견을 무시한다면, 그 반장은 힘으로 학급을 이끌어 간다고 할 수 있다. 맞니?"

맹자 형님은 왕도가 무엇인지 설명을 마치고 우리들을 쳐다보았다. 설명을 듣고 나니, 더욱 맹자 형님같이 덕으로 정치를 할 사람이 대통령이 되어야 한다는 확신이 들었다. 조그만 학급도 반장이 힘으로 이끌면 안 되는 법인데, 하물며 나라의 경우 무슨 말이 더 필요할까.

"형님! 형님의 말씀을 들으니 더욱 형님이 대통령이 되셔야 하겠어요. 덕스러운 정치를 펼쳐 주세요!"

"이건 내 말이 아니라 맹자의 말이다."

"에이, 그게 그거죠. 형님이 바로 환생한 맹자님이시니까요. 형님!"

우리 세 명은 한참을 꿇어앉아서 맹자 형님을 설득하였다. 우리의 간곡한 부탁에 감동을 했는지, 맹자 형님의 마음이 드디어 움직이셨다.

"그래. 대통령이 되마. 우리 함께 왕도를 완성시켜 보자꾸나!"

다음날 맹자 형님과 우리 셋은 본격적인 선거 유세를 하기 위해 거리로 나갔다.

"어머! 저 볼품없는 청년은 누구람?"

"설마 저 사람이 대통령 후보는 아니겠지?"

"하하하하. 다음번에는 나도 대통령 선거에 나가야겠군!"

기호 4번 어깨 끈을 맨 맹자 형님을 보고 사람들은 저마다 비웃고 헐뜯기에 정신없었다. 나와 똑똑이는 사람들이 그럴수록 더욱 힘을 내서 선거 유세를 했다.

"기호 4번 꼭 뽑아 주세요!"

"전 국민이 모두 대장부가 되는 그날까지!"

"우리 모두 맹자와 함께 왕도의 나라로!"

목이 터져라 외치고 또 외쳤다. 그러나 사람들의 반응은 차가울 뿐이었다.

"하하하. 대장부래. 대장부가 대체 뭐야?"

"맹자라는 이름도 너무 웃겨!"

"왕도? 왕도는 또 뭐야? 백도, 황도 다음으로 새로 나온 복숭아 인가?"

선거 유세를 마치고 밤이 되어 지하 방에 모인 우리 넷은 라디오를 통해 충격적인 뉴스를 듣고 말았다.

"대통령 후보들의 선거 유세 첫날, 베일에 가려져 있던 기호 4번 맹자 후보의 정체가 밝혀졌습니다. 집에서 만든 듯한 어깨 끈을 매고 초등학생으로 보이는 아이들 세 명과 함께 거리로 나와 선거 유세를 하는 맹자 후보의 모습은 볼품없기 짝이 없었으며 국민들의 비웃음을 사기에 충분했습니다. 반면에 다른 후보들은 여기저기서 국민들의 수많은 환영을 받으며……."

듣다 못한 똑똑이는 라디오를 껐다. 그리고 우리 넷은 곧 깊은 고민에 빠졌다.

"안되겠어! 뭔가 새로운 방법을 생각해 내야겠어!"

"그래. 이대로는 힘들겠어. 사람들에게 맹자 형님의 사상을 확실하게 전달할 수 있는 방법이 없을까?"

그때 똑순이가 무언가 생각났다는 듯이 외쳤다.

"텔레비전에 나가요! 사람들은 텔레비전을 좋아하잖아요."

"그래, 그거예요! 텔레비전에 나가서 형님의 사상을 잘만 전달할 수 있다면 선전 효과 만점일 거예요!"

똑똑이도 신이 나서 외쳤다.

"그런데 어떻게 형님이 텔레비전에 나갈 수 있겠어?"

나는 그런 일은 불가능하다고 생각했다. 텔레비전은 정말 유명한 사람들만 나갈 수 있는 건데! 나도 텔레비전에만 나갈 수 있다면 아빠를 금방이라도 찾을 수 있을 거다.

"방법이 있다."

그때 형님이 말씀하셨다.

"방법이라뇨? 말씀해 주세요!"

"며칠 뒤에 텔레비전 방송국에서 대통령 후보들의 합동 토론회가 열린다. 거기에 나가 보겠다."

"와아!"

우리는 환호성을 질렀다. 됐다! 맹자 형님이 대통령이 될 날도 얼마 남지 않았다고!

② 대통령 후보 합동 토론회

 나와 똑똑이, 똑순이는 우리 집 텔레비전 앞에 옹기종기 모여 앉았다. 우리 셋은 모두 긴장이 되어 손에 땀을 쥐었다. 곧 대통령 후보들의 토론회가 시작되기 때문이다.

 잠시 후, 텔레비전 화면에는 '대통령 후보 합동 토론회'라는 자막이 큼직하게 떴다.

 "우리 맹자 형님, 잘하시겠지?"

 "그럼!"

우리는 서로의 손을 잡았다.

곧 화면에는 스튜디오의 모습이 비춰졌다. 그리고 1번 후보부터 차례대로 소개가 되었다.

"와아!"

후보들이 등장할 때마다 방청석에 앉아 있는 방청객들은 우렁차게 박수를 쳤다. 무대에 등장한 세 명의 후보는 오랫동안 정치를 한 국회의원 아저씨들이었고 모두 배불뚝이였다.

마지막으로 우리 맹자 형님이 소개되었다. 형님이 등장하자 우렁찼던 박수소리가 뚝 끊겼다. 방청객은 마치 찬물을 끼얹은 듯 조용해졌다. 형님은 또 한 번 목욕탕에 다녀오셨고 턱수염도 깔끔하게 정리하셔서 그 어느 때보다 더 빛이 나는데! 형님이 오늘 입은 옷은 비록 작고 낡았지만 형님의 양복 입은 모습을 처음 본 나는 그 모습이 너무 듬직하고 멋있게 느껴졌다. 우리 아빠도 저런 모습이겠지?

"우선 국민 여러분들께 간단한 소개와 인사를 드리는 시간을 갖도록 하겠습니다. 먼저 기호 1번 나잘해 후보님 먼저 부탁드립니다."

사회자의 말이 끝나자 1번 후보가 앞으로 나와 이야기를 시작했다.

"안녕하십니까? 기호 1번 나잘해입니다. 저는 여러분이 아시다시피 30년 동안 국회의원으로서 이 나라의 정치를 책임져 왔습니다. 저는 단 한 번도 잘못한 적이 없고 실수를 한 적도 없습니다. 그건 여러분이 더 잘 아시리라 믿습니다. 제가 어느 대학교를 나왔는지 다들 아시지 않습니까? 바로 철학대학교입니다. 뭐, 자랑은 아닙니다만, 철학대학교가 우리나라의 최고 명문대 아닙니까? 아, 저는 그 대학교에서도 늘 수석만 했지요. 암요. 대통령이 된다면 지금까지 해 왔던 것처럼 그냥 쭉 잘하겠습니다. 이 사람, 믿어주세요!"

1번 후보는 온통 자신에 대한 자랑뿐이었다.

"뭐야, 온통 잘난 척 뿐이잖아?"

똑똑이가 툴툴 거렸다. 곧이어 기호 2번 후보가 나왔다.

"기호 2번 유능한입니다. 요즘 나라가 어렵다, 어렵다 하는데 그건 모두 국민들의 낭비가 심하기 때문입니다. 아껴야 잘삽니다! 저는 쌀을 아끼려고 하루에 두 끼만 먹습니다. 빨랫비누 아끼려고 양말 한 개로 일주일을 버팁니다. 그뿐인 줄 아십니까? 돈 아끼려고 세금도 안내고⋯⋯, 이크! 농담입니다. 국민 여러분들! 저 뽑아만 주세요."

2번 후보 역시 쓸데없는 말만 실컷 늘어놓았다. 나는 맹자 형님에 대한 확신이 점점 커져만 갔다.

2번 후보가 자리에 앉자 3번 후보가 앞으로 나왔다. 그 뒤로 맹자 형님의 모습이 살짝 보였다. 형님의 표정은 내 예상대로 자신감으로 똘똘 뭉쳐 있었다.

"기호 3번 이간질입니다. 앞의 후보들 죄다 한심합니다. 쯧쯧. 뭡니까 이게? 그러니 나라가 이 모양이지. 기호 1번 말입니다. 저 얼굴로 어디 대통령 하겠습니까? 기호 2번은 또 왜 저 모양입니까. 쯧쯧. 아무튼 전 기호 3번이었습니다."

드디어 맹자 형님의 차례가 되었다. 우리 셋은 서로 잡은 손을 더욱 꽉 쥐었다. 형님은 당당한 걸음걸이로 앞으로 나오셨다. 방청석 여기저기에서는 웅성거리는 소리가 들렸지만 형님은 믿음직한 표정을 잃지 않으셨다.

"기호 4번 맹자입니다. 저 같은 사람이 대통령 후보가 되어서 국민 여러분들이 많이 놀라셨을 줄 압니다. 하지만 겉모습만으로 저를 판단하지는 말아 주십시오. 저는 정치 경험도 없고 가진 것도 없는 사람입니다만 맹자의 사상을 바탕으로 왕도를 해 나갈 자신이 있습니다. 저를 꼭 대통령으로 뽑아 주십시오!"

맹자 형님의 소개가 끝나자 우리 셋은 힘껏 박수를 쳤다. 그러나

방청객들은 아까보다 더 큰 소리로 웅성거리기 시작했다.

"자, 이제 본격적으로 토론회를 시작하도록 하겠습니다. 모두 조용히 해 주십시오!"

사회자의 말이 끝나고 곧 이어 토론회가 시작되었다.

사회자: 모두 조용히 해 주십시오! 그럼 토론회를 시작하도록 하겠습니다. 질문하겠습니다. 후보님들이 만약 대통령이 된다면 가장 우선적으로 하고 싶은 일은 무엇입니까?

기호 1번: 제가 먼저 말하도록 하지요. 저는 제일 중요한 일이 국민들의 지식수준을 높이는 일이라고 생각합니다. 모교인 철학대학교에 더 많은 돈을 투자 하고 소수의 천재들만 뽑겠습니다. 원래 몇 명의 천재들이 다수의 사람들을 이끄는 법이지요.

기호 2번: 저는 온 국민 절약 캠페인을 벌이겠습니다. 안 쓰고, 안 입고, 안 사고! 낭비하는 사람들은 무조건 잡아다 벌을 주겠습니다.

기호 3번: 허허, 이 사람들 정말 한심들 하구먼! 나라고 뭐 대통령이 되었다고 해서 특별히 하고 싶은 일이 있는 것은 아니지만 기호 1번과 2번은 정말 너무 한심해요. 쯧쯧.

기호 1번: 아니, 저 사람이 정말! 당신은 뭐가 그렇게 잘났소?

사회자: 조용히 해 주십시오. 기호 4번 맹자 후보님 말씀해 주세요.

맹자 형님: 저는 무엇보다도 국민을 사랑하는 정치를 펴고 싶습니다. 덕으로 하는 정치, 왕도 말입니다. 왕도의 시작은 바로 국민들에게 일정한 직업을 만들어 주는 일이지요. 요즘 청년 실업 문제가 정말 심각하지 않습니까?

기호 1번: 허허, 그거야 능력 없는 몇몇의 문제지!

기호 3번: 뭐, 직업이 없으면 집에서 놀면 되니 편하고 좋지 않소?

맹자 형님: 솔직히 말하겠습니다. 저도 철학 교실을 열기 전까지 몇 년 동안 백수 신세였습니다. 철학대학교를 졸업하고 백 군데가 넘는 회사에 이력서를 냈지만 결국 취직을 하지 못했어요. 경제가 어려우니 회사들도 사정이 어려워 많은 직원을 뽑지 않았기 때문입니다. 빈털터리가 된 저는 결국 도둑질까지 하고 말았습니다.

기호 2번: 뭐라고? 도둑질?

기호 3번: 도둑질을 했다고? 저런 사람이 감히 대통령 후보에 출마하다니!

기호 1번: 당장 여기서 나가요!

맹자 형님: 이야기를 좀 더 들어 주십시오. 저는 그때의 일을 뼈

저리게 후회하고 있습니다. 언젠가 제가 훔친 빵 값의 수백 배를 갚아 그 돈으로 불우 이웃을 돕기로 약속도 했지요. 그러나 세상에는 여전히 직업을 구하지 못한 나머지, 배가 고파 도둑질을 생각하는 사람이 얼마든지 있을 것입니다. 사람에게 일정한 직업이 없으면 마음이 안정되지 못하는 법입니다. '창고에서 인심난다.' 라는 옛 속담도 있지 않습니까. 돈이 없어 배를 굶게 되면 어떤 나쁜 짓이라도 할 수 있지요. 나라에서 직업을 만들어 주지 않고 국민들이 나쁜 짓을 했다고 해서 벌을 준다면 그것이 어찌 옳은 일이겠습니까?

기호 2번: 그……, 그래도.

맹자 형님: 제가 만약 대통령이 된다면 우선적으로 나라의 경제를 살려 모든 국민들의 일자리 문제를 해결하겠습니다. 국민들의 먹고사는 일을 보장해 주는 것이 바로 국민을 사랑하는 정치, 왕도의 시작 아니겠습니까?

기호 1번: 자꾸 왕도, 왕도, 하는데, 어디 구체적으로 말해 보쇼. 그게 뭡니까? 새로 나온 복숭아요? 쳇, 난 그깟 복숭아 없이도 국민을 사랑하는 정치 할 수 있소!"

맹자 형님: 왕도가 뭔지 모르시면, 잘 들어 보세요. 예를 들어 어떤 정책을 추진하고자 할 때, 국민들에게 그 정책에 대해 찬

찬히 설명해 주고 의견을 잘 들은 뒤, 동의를 구한다면 그 대통령은 덕(惠)으로 나라를 이끌어 간다고 할 수 있지요. 반면에 일방적으로 정책을 추진하면서 국민들을 위협하는 대통령은 힘으로 나라를 이끌어 간다고 할 수 있겠지요. 앞서 말한 덕을 바탕으로 하는 정치를 '왕도정치' 라 합니다. 또한 힘을 바탕으로 한 정치를 '패도정치' 라 하지요. 여러분들은 왕도 정치를 하시겠습니까, 패도정치를 하시겠습니까?

기호 1번: 아, 그거야 당연히 왕도정치지!

기호 2번: 아무렴, 그렇고 말고! 나도 왕도정치를 하려고 했어!

기호 3번: 기호 1번과 2번은 부끄러운 줄 아세요! 왕도정치고, 패도정치고 하나도 몰랐으면서! 쯧쯧.

맹자 형님: 네! 대통령은 반드시 왕도정치를 해야만 합니다. 불인인지심! 이 말은 '남에게 차마 어쩌지 못하는 마음' 이라는 뜻으로 맹자가 한 말인데, 사람들이 저마다 가지고 있는 마음이라고 했습니다. 이것을 가지고 충분히 왕도정치를 할 수 있습니다. 저 역시 대통령이 된다면 왕도정치를 실천할 것입니다. 국민의 뜻이 바로 하늘의 뜻이지요. 그래서 맹자는 백성의 뜻이라면 왕도 바꿀 수 있다고 말하였습니다.

기호 1번: 뭐시라? 왕을 바꿔?

기호 3번: 백성들이 뭔데 감히 대통령, 아니, 왕을 바꿔? 어떻게 차지한 대통령, 아니, 왕 자리일 텐데!

맹자 형님: 무릇 대통령이라면 자신의 이익을 따져서는 안 되는 것 아닙니까? 사랑과 옳음이 있을 뿐이지요. 옳은 것을 제쳐 두고 자신의 이익만을 앞세운다면 결국 남의 것을 빼앗지 않고서는 만족하지 못하게 될 것입니다. 그러면 결국 국민들을 죽이는 대통령이 되고 말겠죠!

기호 1번: 흠흠. 뭐 누가 국민들을 죽인댔나!

맹자 형님: 나라는 국민을 살리는 정치를 해야 합니다. 그 시작이 모든 국민들에게 직업을 만들어 주는 일입니다. 저는 대통령이 되자마자 모든 국민에게 직업 만들어 주기 캠페인을 벌일 것입니다. 또한 2년 내로 청년 실업률을 0퍼센트로 만들겠습니다!

기호 2번: 오, 옳소! 옳소! ……에구머니! 나도 모르게 그만!

사회자: 자, 그럼 다음 질문을 드리겠습니다. 후보님들은 자신을 비롯한 모든 국민들이 어떤 이상적인 인간상을 꿈꾸어야 한다고 생각하십니까? 기호 1번 나잘해 후보님부터 말씀해 주세요.

기호 1번: 이상적인 인간상이라면……, 바로 나지요! 저야말로 가장 훌륭한 인간으로서 모든 국민들이 본받을 만한 인물입니다. 모두 저를 존경하고 따르세요!

기호 2번: 글쎄요. 저희 어머니가 아닐까요? 저희 어머니께서는 근검절약의 대표 주자셨습니다. 하루 두 끼만 먹는 것, 양말을 일주일 동안 신는 것 등등 모든 절약의 방법은 저희 어머니에게 배웠습니다. 저희 어머니는 심지어 생선 가게에 가서 생선을 실컷 만지신 후, 집으로 돌아와 냄비에 손을 씻고 그 물로 생선 맛 찌개를 끓이셨습니다. 그 찌개의 깊은 맛을 아직도 잊을 수가 없네요! 저희 어머니야말로 가장 이상적인 인간상입니다.

기호 3번: 나 원 참! 기호 1번, 기호 2번 이 사람들아! 지금 내가 느끼기론 여기 앞에 앉아 계신 방청객들이 가장 이상적인 인간상 같네! 자네들의 쓸데없는 소리를 모두 참고 듣고 계시니 말일세! 정말 대단한 인내심들이야.

맹자 형님: 그럼 이제 제가 말해도 되겠습니까?

사회자: 4번 맹자 후보님. 말씀하셔도 좋습니다.

맹자 형님: 제가 생각하는 가장 이상적인 인간상은 바로 대장부입니다.

기호 1번: 엥? 대장부? 사내대장부에서 그 대장부?

맹자 형님: 맞습니다. 대장부는 큰 뜻을 품고 그것을 이루기 위해 꾸준히 노력하는 사람을 말합니다. 호연지기를 잘 기르면 대

장부가 될 수 있지요.

기호 2번: 아니, 호연지기는 또 뭡니까?

맹자 형님: 지극히 크고 지극히 굳센 기운입니다. 그것은 말로써는 기를 수 없는 것입니다. 올바른 행동, 즉 의(義)를 행함으로써 기를 수 있지요. 온 국민이 호연지기를 기르면서 대장부가 되기 위해 노력한다면 나라가 발전하지 못할 이유가 없습니다! 모든 국민이 올바른 행동으로 모범을 보이며 자신의 꿈을 향해 꾸준히 노력할 테니까요!

기호 2번: 오, 그렇군요! 저도 대장부가 될 수 있을까요?

맹자 형님: 하하. 물론입니다. 누구나 대장부가 될 수 있습니다. 어린아이부터 노인 분들까지 국민 모두 대장부가 될 수 있어요! 저는 국민 모두가 대장부인 나라를 만드는 것이 꿈입니다.

사회자: 그럼 마지막으로 후보 분들은 국민들께 하고 싶은 말을 해 주세요.

기호 1번: 저는 현명한 국민 여러분들을 믿습니다. 솔직히 제가 아니면 누가 이 나라의 대통령이 될 수 있겠습니까? 저 잘하겠습니다! 역시 잘해, 나잘해 기호 1번! 꼭 뽑아 주십시오!

기호 2번: 티끌 모아 태산이라는 말을 믿습니까? 그럼 기호 2번을 뽑아 주십시오. 생활 속에서 근검절약을 실천하는 믿음직한 기호 2번! 저축으로 나라를 부강하게 만들겠습니다.

기호 3번: 국민 여러분! 기호 1번, 기호 2번, 기호 4번은 뽑지 마세요! 제가 오늘 나와서 보니 영 아닙니다. 그려. 아, 그런데 카메라 감독 양반! 나 잘 좀 잡아 봐요! 그렇게 못 찍어서 어떻게 감독 일을 하나. 쯧쯧.

사회자: 자자, 됐습니다. 그럼 기호 4번 맹자 후보님 말씀해 주세요.

맹자 형님: 기호 4번 맹자입니다! 제가 지금까지 말씀드린 것은 모두 춘추전국시대의 사상가인 맹자의 사상을 바탕으로 한 것이었습니다. 놀라지 마세요. 사실 저는 진짜 맹자입니다. 환생을 한 것입니다.

기호 1번: 뭐, 뭐시라고라? 환생이라고라?

맹자 형님: 그렇습니다. 저는 전생에 맹자였습니다.

기호 3번: 허허, 참. 갈수록 가관이군! 기호 4번은 머리가 뱅뱅 돈 거 아닙니까?

맹자 형님: 믿지 않으셔도 좋습니다. 그렇지만 진짜 중요한 사실은 제가 전생에 맹자였다는 것이 아니라, 제가 왜 이 시대에 다시 환생했느냐는 것 아니겠습니까? 국민 여러분, 요즘 경제

뿐만이 아니라 모든 것이 어렵습니다. 사회 곳곳에서 옳지 못한 일들이 넘쳐나고 있습니다. 그래서 여러모로 살기 힘드시다는 것 잘 압니다. 이 모든 것은 나라가 국민을 위하는 정치가 아닌, 죽이는 정치를 하고 있기 때문에 일어난 일입니다. 저는 맹자의 사상을 바탕으로 이 혼란한 시대를 바로잡으려고 합니다. 그런 이유로 이 세상에 다시 태어난 것이고요. 그것이 이번 생에서 제가 할 일입니다. 국민 여러분! 저를 대통령으로 뽑아 주세요. 그리고 국민 모두가 대장부가 되어 봅시다. 그래서 우리나라를 훌륭하고도 부강한 나라로 만들어 봅시다!

③ 맹자 열풍

맹자 형님의 마지막 말이 끝나자 잠시 동안의 침묵이 흘렀다.

그리고 사람들은 무슨 말을 해야 할지 모르겠다는 표정으로 서로의 얼굴만 쳐다봤다. 그때, 기호 2번 후보가 침묵을 깨고 큰 소리로 말했다.

"아, 이 사람들이 정말! 이렇게 훌륭한 말을 들었으면 박수를 쳐야지요. 박수를! 쯧쯧. 맹자 후보! 정말 멋진 말이었소!"

그러자 방청객들도 하나 둘 박수를 치기 시작했다. 심지어는 자리에서 일어나서 기립 박수를 치는 방청객도 있었다.

맹자 형님은 감격스러운 표정으로 두 손을 번쩍 들고 외쳤다.

"국민 여러분! 우리 모두 대장부가 됩시다!"

사람들도 따라서 두 손을 번쩍 들고 외쳤다.

"맹자와 함께 왕도의 나라로 갑시다!"

집에서 텔레비전을 보고 있던 나와 똑똑이, 똑순이도 너무 기쁜 나머지 두 손을 번쩍 들고 방방 뛰면서 따라 외쳤다.

"맹자와 함께 왕도의 나라로 갑시다! 대장부가 됩시다! 맹자 형님 만세! 우리 맹자 형님 만세!"

잠시 후, 깜짝 놀랄 만한 일이 벌어졌다. 맹자 형님이 아직 방송국에서 돌아오시기도 전이었는데 집 앞 대문에서 매우 소란스러운 소리가 나기 시작하는 거다.

"아유, 김 기자! 옆으로 좀 가요!"

"나도 원래 앞자리였는데 이렇게 뒤로 밀린 거라고! 이러다가 맹자 후보님 인터뷰도 제대로 못하는 거 아냐?"

"인터뷰는커녕, 이렇게 기자들이 많으니 사진 한 장이라도 찍을 수 있을런지!"

대문을 슬그머니 열어 본 나와 똑똑이는 깜짝 놀랐고 말았다. 대문 밖 좁은 골목길에 적어도 백 명은 되는 어른들이 카메라를 이쪽으로 향하고 대기하고 있는 거다!

"앗! 방금 누가 대문을 열었어요!"

"쟤들은 누구지? 맹자 후보님의 아드님들이신가?"

"우선 찍어요! 얼른요!"

파바바바박 파바바바박 파바바바박.

찰칵 찰칵 찰칵 찰칵 찰칵 찰칵.

여기저기서 화려한 플래시가 번쩍번쩍 터지고 귀가 따가울 정도의 셔터 소리가 났다.

"아악! 눈 부셔!"

나와 똑똑이는 황급히 대문을 닫고 똑똑이네 1층집으로 피신했다.

"이게 대체 무슨 일이지?"

나는 벌렁벌렁 거리는 가슴을 진정시키고 어찌된 영문인지 물었다. 그러자 똑똑이가 신나서 대답했다.

"기자들이야! 우리를 찍으러 온 거야!"

"대체 왜? 기자들이 대체 왜 우리를 찍으러 온단 말이야?"

"맹자 형님이 유명해지셨으니까! 맹자 형님은 이제 유명인이야! 텔레비전이고 신문이고 맹자 형님의 얼굴이 대문짝만하게 실릴

거라고!"

뭐? 맹자 형님이 유명인이 되셨다고? 내가 바라는 대로 맹자 형님이 유명해지셨단 말이지? 그……, 그럼……!

"앗싸! 앗싸! 앗싸! 그럼 맹자의 철학 교실도 유명해지고 나도 유명해질 거다! 그럼 우리 아빠도 찾을 수 있다! 앗싸!"

나는 아까보다도 가슴이 더욱 벌렁벌렁 거리는 것을 느꼈다.

한참 뒤에야 맹자 형님이 집으로 돌아오셨다. 그런데 형님의 몰골이 말이 아니었다. 양복은 다 벗겨지고 머리가 헝클어져 있었다.

"형님! 무슨 일이세요!"

"말도 마라. 방송국에서 집까지 오는데 30분이면 충분한 것을 네 시간에 걸쳐 왔다. 방송국에서부터 집 앞까지 기자들이 얼마나 많은지. 도망 다니느라 아주 애먹었다."

"형님도! 대통령이 되실 분이 기자들을 피하면 어떻게 하세요! 인터뷰도 하고 사진도 찍고 그래야지요!"

"허허. 쑥스러운 걸 어떻게 하니. 그렇지만 지하철에서 만난 시민들과는 아주 즐겁게 이야기를 하다 왔다. 다들 토론회를 보았는지 하나같이 맹자의 사상에 대해 더욱 자세히 알고 싶어 하더구나."

형님은 뿌듯한 표정으로 어깨를 으쓱하셨다.

"잘하셨어요, 형님! 그리고 오늘 너무 멋있었어요!"

"행님! 정말 너무 멋있었쪄요!"

우리는 형님을 칭찬하였다.

"아니다. 모두 너희들 덕분이다. 하지만 유명해진다고 해서 잘난 체하거나 교만해지면 절대 안 된다."

우리 셋은 입을 모아 동시에 대답했다.

"당근이죠! 우리는 대장부니까요!"

다음 날부터 우리 넷은 정신없는 하루하루를 보내야 했다. 선거 가 코앞으로 다가왔을 뿐만 아니라 여기저기서 우리를 찾는 사람 들이 많아졌기 때문이다. 이건 말 그대로 열풍이었다. 맹자 열풍! 대장부 열풍! 왕도 열풍!

"제발 한 번만 인터뷰에 응해 주십시오!"

"맹자 후보님이 바쁘시다면 맹자 후보님의 제자 분 되시는 철구 군이나 똑똑 군, 똑순 양이라도 제발 우리 TV 토크쇼에 출연해 주세요."

똑똑이와 나의 집 전화통은 하루 종일 불이 났다. 뿐만 아니라 맹자의 철학 교실 수업이 진행되었던 맹자 형님의 지하 방을 구경하겠다며 하루에도 수백 명의 사람들이 떼를 지어 방문을 해 대는 통에 동네 전체가 시끌벅적해졌다.

"나라를 구할 훌륭한 차기 대통령! 맹자."

"맹자 후보, 청년 실업률 0퍼센트 약속."

맹자 형님은 매일매일 텔레비전 뉴스와 신문 1면을 장식하셨고 형님처럼 턱수염을 기르는 것이 유행처럼 번지기도 했다.

나와 똑똑이, 똑순이도 덩달아 유명해져서 여기저기 프로그램에 출연하게 되었다.

"똑똑 군! 맹자 후보님을 어떻게 만나게 된 건가요?"

"철구 군! 맹자 후보님께 어떤 철학을 배웠는지 좀 알려 주세요."

"똑순 양은 맹자 후보님의 어떤 모습이 존경받을 만하다고 생각하나요?"

사람들은 맹자 형님과 친하다는 이유로 우리를 몹시 부러워했고 형님에게 배운 사상들을 이야기해 달라고 했다.

그럴 때마다 우리는 맹자님의 사상을 널리 알릴 수 있다는 것이 매우 기뻐서 신나게 형님에게 배운 그대로의 사상을 사람들에게 설명해 주었다.

국민들 중에 맹자 형님을 모르는 사람은 아무도 없었다. 사람이 두 명만 모여도 반드시 맹자 형님 이야기를 한다는 우스갯소리도 나돌았다.

덕분에 맹자의 사상을 공부하려는 사람들도 엄청나게 늘어서 여기저기에 무료로 철학을 가르치는 '철학 학원'이 생겨났고 어린이들은 영어 학원이나 속셈 학원 대신 철학 학원에 다니는 것을 자랑으로 여기기 시작했다.

또한 텔레비전에서는 다음과 같은 광고들이 쏟아져 나오기 시작했다.

"당신은 진정한 대장부입니까? 그렇다면 품격이 느껴지는 옷, '삐까번쩍'을 입으세요!"

"성능 좋은 자동차 '또타지'를 구입하지 않는 당신! 대장부가 아니다!"

"우리 아이 대장부로 키우려고 매일 아침 '맹자우유'를 먹이고 있어요!"

"새로운 과일의 왕! 차마 어쩌지 못하는 마음으로 키운 100퍼센트 유기농 복숭아, 왕도!"

전국의 초등학교에서는 솔선수범하여 청소를 하거나, 친구들의 싸움을 말리는 등의 착한 일을 한 어린이에게 '대장부'라고 새겨진 배지를 나누어 주기 시작했고 그 배지를 가슴에 단 어린이들은 다른 어린이들로부터 부러움을 샀다. 나중에는 '대장부' 배지를 달지 않은 어린이는 '왕따'가 된다는 무시무시한 소문이 떠돌기도 했다.

나는 이 모든 변화가 놀라웠고 신기했지만 한편으로는 서글픈 마음이 들기도 했다.

"똑똑아, 우리 예전이 더 좋지 않았냐? 철학 수업 마치고 형님이랑 오붓하게 떡볶이 먹으러 갔었을 때, 참 재밌었는데 말이야."

"글쎄! 물론 그렇기도 하지만 지금 형님과 우리는 옳은 일을 하고 있는 거잖냐. 너도 늘 유명해지길 바랐었잖아?"

"그렇긴 하지만……."

"그리고 내가 인터뷰 마치고 집에 오다 보니까 그 떡볶이 집 이름 바꿨더라? '맹자님 떡볶이 집'으로! 손님들이 밖에까지 줄서서 먹더라고. 우리 맹자 형님이 대통령보다 더 유명해졌나봐! 물론 곧 진짜 대통령이 되시겠지만!"

선거는 일주일 앞으로 다가왔고 동시에 나의 여름방학도 끝나가고 있었다. 일주일 뒤면 형님은 우리나라의 대통령이 되신다.

그리고 나는……. 나는 아직도 아빠를 찾지 못했다. 텔레비전에만 나가면 금방이라도 아빠를 찾을 수 있을 거라고 생각했는데.

내가 너무 커버려서 아빠가 나를 못 알아보시는 걸까?

대통령이 될 수 없는 이유

"어제도 지하 방에 구경하는 사람들이 많이 다녀갔니?"

일하러 갈 준비를 하시면서 엄마가 물으셨다.

"네."

"오늘은 어디어디 인터뷰가 있니?"

"신문사 한 군데랑 잡지사 두 군데요."

"우리 철구가 아주 대견하구나. 맹자 형님 옆에서 묵묵히 돕는
모습을 보니 정말 자랑스럽다."

"그런데 어쩐지 저는 즐겁지가 않아요."

"아니, 그건 왜?"

"그냥 옛날에 형님의 지하 방에서 다 같이 뒹굴 거리면서 놀던 시절이 좋았던 것 같아요."

"그래도 어쩔 수 없지 않니. 형님은 큰일을 하실 분이다. 즐겁지 않아도 열심히 도와 드리럼!"

"그래야지요."

나는 힘없이 대답했다.

그때 대문 밖에서 낯익은 목소리가 들려왔다.

"스승님! 스승님! 지예유, 장포예유!"

앗. 이것은 분명 도인 할아버지의 목소리인데? 나는 재빨리 밖으로 내려가 보았다. 수많은 사람들 틈에 여전히 독특한 차림새의 도인 할아버지가 겨우 끼어서 고함을 지르고 계셨다.

"예끼! 이놈들! 내가 뉘인 줄 알고 이러슈! 네놈들이 기자면 다 슈! 나는 맹자님의 제자란 말이유, 이놈들!"

"에구! 도인 할아버지!"

나는 대문을 열고 나가 기자들과 지하 방을 구경하러 온 사람들 틈에 끼인 도인 할아버지를 겨우 구출해 내었다.

"아이고, 죽었다 살아났슈. 그래, 스승님은 잘 계슈?"

나는 요즘의 지하 방이 늘 구경꾼들로 넘치기 때문에 도인 할아버지를 2층 우리 집으로 모셨다. 도인 할아버지가 오셨다는 이야기를 듣고 똑똑이도 궁금했는지 얼른 2층으로 올라왔다.

"분명히 맹자 형님이 대통령이 될 것 같으니깐 그 덕 좀 보려고 찾아오신 걸 거야!"

똑똑이는 내 귀에 대고 속삭였다.

"예끼! 다 들린다. 이눔아!"

똑똑이는 도인 할아버지가 또 뒤통수를 때릴까 봐서 얼른 내 뒤로 숨었다.

"맹자 형님은 요새 바쁘셔서 집에 잘 안 계세요. 곧 오신 댔으니깐 여기서 편히 기다리세요."

"근디 내가 아직두 밥을 못 먹었슈. 찬밥 있으면 좀 주겠슈?"

"네! 기다리세요!"

나는 엄마가 끓여 놓은 국을 데우고 몇 가지 밑반찬을 꺼내서 상을 봐 드렸다. 도인 할아버지는 며칠을 굶으셨는지 허겁지겁 진지를 잡수시기 시작하셨다.

"꺼억."

도인 할아버지가 진지를 모두 잡수시고 배를 두드리고 계실 때 드디어 우리의 맹자 형님이 등장하셨다.

"아이고, 스승님! 오랜만에 뵙겠구만유. 그간 잘 지내셨쥬?"

"거 봐! 분명 형님에게 빌 붙으시려고 찾아오신 거라니깐?"

똑똑이는 다시 한 번 내 귀에 대고 속삭였다.

"예, 할아버지. 그간 소식을 몰라 마침 답답해하던 차였습니다. 잘 오셨습니다."

맹자 형님은 정중히 도인 할아버지께 인사를 드렸다.

"스승님! 드릴 말씀이 있어 이렇게 찾아뵈었구만유."

맹자 형님과 마주 앉은 도인 할아버지는 갑자기 위엄 있는 표정을 지으셨다.

"스승님! 이 늙은 제자의 말씀을 잘 새겨들으세유!"

"예! 말씀하세요!"

"스승님! 이만 대통령은 포기하세유! 그건 스승님하고는 안 어울리는 일이구만유!"

엥. 이건 또 무슨 말씀? 똑똑이와 내 눈이 휘둥그레졌다. 그러나 똑똑이와 나보다 더 놀란 사람은 바로 맹자 형님이셨다.

"아, 아니. 할아버지. 그게 무슨 말씀이세요. 저는 맹자의 사상을 바탕으로 이 나라를 바로 세워 보기 위해 대통령이 되기로 한 겁니다. 결코 욕심 때문에 대통령이 되려는 것이 아니에요."

도인 할아버지는 더더욱 굳은 표정으로 말을 이어나가셨다.

"스승님. 저는 아직두 기억하고 있구면유. 전생의 일을 말이에유."

'전생의 일?'

나는 호기심을 억누르면서 귀를 쫑긋 세우고 도인 할아버지의 말에 귀를 기울였다.

"스승님께서는 말씀하셨지유.

군자에게는 세 가지 즐거움이 있다. 부모님이 다 살아 계시고 형제에게 탈이 없는 것이 첫 번째 즐거움이고, 우러러보아도 하늘에 부끄럽지 않고 굽어보아도 땅에 부끄럽지 않은 것이 두 번째 즐거움이고, 뛰어난 학생들을 교육하는 것이 세 번째 즐거움이다. 그런데 왕 노릇을 하는 것은 그 가운데 포함되지 않는다.

그렇게 말씀하셨구면유. 스승님께서는 기억 안 나시겠지만유."

"……."

맹자 형님께서는 잠자코 듣고만 계실뿐 다른 말이 없으셨다.

"왕 노릇을 한다는 게 뭐겠어유? 요즘으로 치면 대통령이 되는

것 아니겠어유? 전생의 스승님께서는 그 어떤 지엄한 왕의 명령이라도 자신의 생각과 다르면 뜻을 굽히지 않으셨구만유. 자신의 뜻을 조금만 굽혔다면 좋은 벼슬자리를 얻을 수 있으셨을 텐데두 스승님께서는 절대 그러지 않으셨구만유. 그랬던 스승님이셨어유. 그렇게 올곧고 훌륭한 스승님이셨어유. 대통령이 어떤 자리인가유? 하루도 바람 잘 날 없는 자리예유. 흔들리기 쉬운 자리란 말이에유. 그런 자리에 앉아 있는 분을 위해 전생에서처럼 바른 말을 해 드리고, 바른 길로 인도해 드리는 철학자가 되셔유. 그게 바로 스승님이 진짜로 할 일이에유."

도인 할아버지는 말씀을 모두 끝마치시자 맹자 형님의 대답도 듣지 않으시고 훌쩍 일어나 버리셨다.

"스승님! 그럼 지는 이만 가 보겠구만유."

맹자 형님은 여전히 그대로 앉아 있었다. 마치 잠이 든 것처럼 보이기도 했다. 그러다가 나는 마룻바닥에 물 한 방울이 뚝, 하고 떨어지는 것을 보았다. 그것은 맹자 형님의 눈에서 흘러내린 눈물이었다.

다음 날, 집 앞의 좁은 골목길에는 평소와는 다른 이유로 수백 명의 기자들이 몰려들었다. 맹자 형님께서 기자회견을 열기로 한 것이었다.

"도대체 왜 기자회견을 하시는 거래?"

"모르지! 아무튼 특종은 특종이야!"

곧 아주 밝은 표정의 맹자 형님이 대문을 열고 나타나셨다. 물론 그 양 옆으로는 나와 똑똑이 남매가 섰다.

파바바바박 파바바바박.

찰칵 찰칵 찰칵 찰칵.

수많은 플래시가 한꺼번에 터졌다. 그러나 맹자 형님은 얼굴을 찌푸리지 않으셨고 우리도 밝은 미소를 잃지 않았다.

"맹자 형님께서 오늘 기자회견을 여신 것은 대통령 후보 사퇴 때문입니다."

내가 이렇게 말하자 수백 명의 기자들이 술렁이기 시작했다.

"조용히 해 주세요. 맹자 형님께서 자세히 말씀하실 겁니다."

똑똑이의 말이 끝나자 맹자 형님이 앞으로 나섰다.

"우선 저에게 많은 기대와 성원을 보내 주신 국민 여러분들께 죄송하다는 말씀을 드립니다. 오늘부로 저 맹자는 대통령 후보직을 사퇴하려고 합니다!"

맹자 형님이 여기까지 말하자 여기저기서 기자들의 질문이 쏟아

졌다.

"사퇴라니요? 그런 결정을 하신 까닭은 무엇입니까?"

"지금 심정은 어떠십니까? 한 말씀만 해 주세요!"

나와 똑똑이는 상황을 정리하느라 진땀을 뺐다.

"질문은 받지 않겠습니다!"

다시 주위가 조용해지자 형님이 말씀을 이으셨다.

"그동안 정말 많은 일이 있었습니다. 평범하기 그지없었던 백수가 명랑하고 귀여운 아이들을 만나 대통령 후보까지 되어 보았지요. 대통령이 되고 싶었던 까닭은 단 하나, 잘못된 사회를 바로잡아 보겠다는 신념 때문이었습니다. 개인적인 욕심 때문이 절대 아니었지요. 그러나 제가 잘못 생각한 것이 하나 있었습니다. 그것은 제가 바로 진짜 '맹자'라는 사실이었습니다. 예. 저는 맹자입니다. 춘추전국시대의 맹자는 훌륭한 사상가였지 훌륭한 왕이 아니지 않았습니까? 맹자는 왕 앞에서도 자신의 뜻을 굽히지 않는 충신 중의 충신이었습니다. 왕을 바른 길로 이끄는 철학자 중의 철학자였습니다. 21세기의 맹자인 저도 마찬가지입니다. 저는 흔들리기 쉬운 대통령에게 올바른 길을 안내하고 진심 어린 충고를 아끼지 않는 훌륭한 철학자로 남겠습니다. 그리고 국민 여러분들의 마음속에 영원한 대장부로 남겠습니다.

국민 여러분! 마지막으로 이 구호를 함께 외쳐 봅시다.

우리 모두 대장부가 됩시다!"

맹자 형님이 외치자 수백 명의 기자들과 기자회견을 지켜보던 사람들도 다함께 외치기 시작했다.

"우리 모두 대장부가 됩시다! 대장부가 됩시다!"

맹자 형님의 감동적인 기자회견은 전국에 생중계되었다. 텔레비전 앞에서 방송을 시청하던 전 국민들이 그 시간 한마음 한뜻이 되어 다 함께 외쳤다고 한다.

대장부가 되자!

나는 마음속 깊은 곳으로부터 수천만 국민들의 뜨거운 외침을 들었다.

괴짜 형님이 대통령 후보 합동 토론회에 나와 왕도정치와 패도정치에 대해 말하지요? 왕도정치란 덕으로 하는 정치를 말하고 패도정치란 힘으로 하는 정치를 말합니다. 맹자는 양나라의 양왕에게 백성을 사랑하는 정치를 하라고 말하며 다음과 같은 대화를 나누었습니다.

양왕: 천하가 어디로 정해질 것 같습니까?

맹자: 하나로 정해질 것입니다.

양왕: 누가 하나로 할 수 있을까요?

맹자: 사람을 죽이기를 좋아하지 않는 사람이 하나로 할 수 있을 것입니다.

양왕: 누가 함께 할까요?

맹자: 함께 하지 않는 사람이 없을 것입니다. 왕은 풀이나 나무의 싹에 대해 아십니까? 칠월, 팔월 사이에 가물면 싹이 말랐다가, 하늘에 뭉게뭉게 구름이 일어나 쏴아 하고 비를 내리면 싹이 부쩍 일어납니다. 이와 같으면 누가 막을 수 있겠습니까? 지금 천하의 임금들이 사람을 죽이기를 좋아하지 않는 사람이 없습니다. 만일 사람을 죽이기를 좋아하지 않는 사람이 있으면, 천하의 백성들이 목을 빼고 그를 기다릴 것입니다. 참으로 이와 같다면 백성들이 그에게 몰려가는 것이 마치 물이 아래로 콸콸 내려가는 것과 같을 것입니다. 누가 막을 수 있겠습니까? 왕께서는 백성들을 사랑하는 정치로 돌아가십시오. 지금 왕이 백성을 사랑하는 정치를 베풀

어서 천하의 벼슬하는 사람들이 모두 왕의 조정에 서기를 원하고, 농사짓기는 사람들이 모두 왕의 들에서 농사짓기를 원하고, 장사하는 사람들이 모두 왕의 시장에서 장사하기를 원하고, 여행하는 사람들이 모두 왕의 길에 나서기를 원한다면, 누가 그것을 막을 수 있겠습니까?

　도인 할아버지는 괴짜 형님에게 맹자가 말한 군자의 세 가지 즐거움을 말하면서 대통령 후보를 사퇴하라고 말합니다.
　맹자가 말한 군자의 세 가지 즐거움은 무엇일까요? 맹자는 이렇게 말했습니다.
　"군자에게는 세 가지 즐거움이 있는데, 세상에서 왕 노릇을 하는 것은 그 가운데 포함되지 않는다. 부모님이 다 살아 계시고 형제에게 탈이 없는 것이 첫 번째 즐거움이고, 우러러보아도 하늘에 부끄럽지 않고 굽어보아도 땅에 부끄럽지 않은 것이 두 번째 즐거움이고, 뛰어난 학생들을 얻어서 교육하는 것이 세 번째 즐거움이다. 군자는 세 가지 즐거움을 갖고 있는데, 세상에서 왕 노릇을 하는 것은 그 가운데 포함되지 않는다."
　포함되지 않는다고 두 번씩이나 말한 것은 강조한 것입니다. 왕 노릇을 한다는 것은 요즘으로 치면 대통령이 되는 것이겠지요. 시대가 달라서 다른 점이 많지만요.
　여러분들은 아마도 대통령이 되는 즐거움이 맹자가 말한 세 가지 즐거움보다 더 클 것이라고 생각할지도 모르겠습니다. 저도 그렇게 생각했으니까요. 그러나 나이가 먹을수록 맹자의 말이 맞다고 생각하고 있습니다. 이 세상에서 나를 제일 사랑하는 부모님이 다 살아 계시고 형제에게 탈이 없는 첫 번째 즐거움만으로도 대통령이 된 것보다 더 즐겁습니다.

맹자가 말한 세 가지 즐거움이 거저 얻어지는 것이 아니고, 그렇다고 노력한다고 해서 다 얻어지는 것도 아닙니다. 그러니 그런 즐거움을 누리고 있는 사람은 참 행복한 사람이지요.

에필로그

"철구야! 학교 가자!"

"철구 오빠! 같이 핵교 가요!"

눈을 잠시 감았다 뜬 것 같은데 벌써 아침입니다. 똑똑이 녀석은 어찌나 부지런한지 매번 일찌감치 준비를 마치고 저렇게 학교 가자고 목이 터져라 저를 불러 댑니다.

매일 아침이 눈 깜짝할 새 저를 찾아오는 것처럼 그 이후로 일 년이란 시간도 바람처럼 흘러갔습니다. 기자회견 이후 다시 평범한 사람으로 돌아온 맹자 형님은 다시 저희들에게 철학을 가르쳐 주기 시작하셨어요. 우리들은 철학 수업을 마치면 아이스크림이며, 떡볶이를 사 먹으면서 예전처럼 즐거운 한때를 보낼 수 있었습니다.

아빠를 찾았느냐고요? 아니요. 아직이요. 그렇지만 저는 괜찮아요. 저에게는 그 누구보다도 저를 사랑해 주시는 엄마가 계시니까요!

그러나 모든 것이 변하지 않았던 건 아니에요.

맹자 형님을 존경하는 국민들의 힘으로 철학대학교 옆에는 맹자의 철학 학교가 세워졌습니다. 철학 학교에서 집까지의 거리는 '맹자거리'로 지정되었고 새로 태어나는 아가들에게 '맹자'라는 이름을 붙여 주는 것이 유행이 되었죠. 대통령으로 뽑히신 기호 2번 유능한 아저씨는 열렬한 맹자 형님 지지자가 되셨어요. 매주 철학 학교를 찾아 맹자 형님에게 철학을 배우고 나라를 바로 세우는데 필요한 이런저런 조언을 들으신답니다.

아, 그리고 요즘은 거의 모든 국민들이 가슴에 '대장부' 배지를 달고 다녀요. 이것은 세계적으로도 놀랄만한 일이었는지 세계 각국에서 우리 국민의 이런 모습을 취재해 갔어요.

"전 국민이 대장부인 나라! KOREA"

세계인들은 우리나라를 대단한 나라라며 치켜세웠죠. 덕분에 맹자의 철학 교실 관광 상품이 개발되어 외화도 엄청나게 벌어 들였어요.

맹자 형님은 얼마 전 슈퍼 주인에게 빵 값을 갚으셨답니다. 슈퍼 주인은 그 돈으로 불우 이웃을 도우셨고요. 그 일을 계기로 철학 학교 학생들은 매주 일요일이면 고아원이나 양로원을 방문해 봉사 활동을 하고 있습니다.

어제도 철학 학교 친구들과 고아원에 가서 봉사 활동을 하고 왔어요. 그런데 오는 길에 제가 누굴 뵈었는지 아세요? 바로 도인 할아버지셨어요. 도인 할아버지는 아주 멀리서도 눈에 띄시잖아요?

도인 할아버지는 제가 처음 뵈었을 때처럼 험상궂은 표정으로 지팡이를 휘두르며 누군가를 향해 뛰어가고 계셨어요. 저는 그 모습이 반갑기도 하고 재밌기도 하여 잠시 바라보고 있었지요.

"스승님! 스승님 아니세유?"

도인 할아버지가 스승님이라고 부른 사람은 초라한 행색에다 기운이 하나도 없어 보이는 어떤 아저씨였답니다.

"스승님! 죄송해유! 몰라 뵈었네유! 기억이 안나세유? 스승님이 바로 공자님이시잖아유! 환생한 공자님 말이예유! 지는 스승님의 제자였던 안회구만유."

저는 빙그레 웃고 말았어요. 그리고 속으로 외쳤죠!

쉿! 이건 맹자 형님에게 절대 비밀이다!

통합형 논술
활용노트

01 맹자는 '무항산무항심', 즉 '생활의 안정이 없으면 바른 마음을 갖기가 힘들다.'라고 하였습니다. 이 책에서는 철구가 맹자의 이러한 사상을 바탕으로 배가 고파 슈퍼마켓에서 빵을 훔쳐 경찰서에 잡혀 간 괴짜 형님을 구해 냅니다. 그렇다면 배는 고픈데 직업이 없어 도둑질을 할 수 밖에 없다고 말하는 사람들이 있다면 그 사람들은 모두 죄가 없는 것일까요? 책을 끝까지 잘 읽어본 후 본인 스스로 배가 고파 도둑질을 한 사람들이 유죄인지 무죄인지 판결하고, 그러한 판결 이유와 앞으로 그 사람들이 어떻게 살아야 하며 나라는 어떻게 도와야 하는지 맹자의 사상을 잘 생각하며 적어 보세요.

02 맹자는 사람에게는 원래 양심이라는 것이 있는데 나무를 베어 쓰듯 양심을 베어 버리면 결국엔 동물과 다름없어지는 것이라 하였습니다. 이는 곧 인간의 본성은 원래 양심적이고 착하다는 성선설을 이야기하는 것입니다. 그렇다면 여러분은 인간의 본성은 원래 선하다는 성선설과 인간의 본성은 원래 악하다는 성악설 중 어떤 것이 맞다고 생각하며, 왜 그렇게 생각하는지 적어 보세요.

03 맹자는 사람의 마음속에는 인, 의, 예, 지의 네 가지 덕이 있다고 했습니다. 4덕을 가지고 있다는 것을 남을 불쌍하게 여기고, 자신의 잘못을 부끄러워하며 남의 잘못을 미워하고, 사양할 줄 알고, 옳고 그름을 구별할 줄 아는 마음, 즉 측은지심, 수오지심, 사양지심, 시비지심의 네 가지 실마리를 통해 알 수 있다고 했습니다. 가장 최근에 자신의 마음속의 덕이 드러난 행동이 있었는지, 있었다면 어떤 상황에서였는지를 적어 보세요.

04 인간이 마음속에 가지고 있다고 하는 인, 의, 예, 지의 네 가지 덕 중 자신에게 가장 부족한 것은 무엇이며, 어떤 방법으로 그 부족한 덕목을 채울 수 있을지 생각하고 적어 보세요.

05 맹자는 큰 뜻을 품고 그것을 이루기 위해 꾸준히 노력하는 사람을 대장부라고 하며, 대장부가 되기 위해서는 호연지기를 길러야 한다고 하였습니다. 그런데 책 속에서 괴짜 형님은 호연지기는 행동으로 하는 것이므로 말로 하기가 어렵다고 하였습니다. 책을 잘 읽어 본 후 호연지기는 무엇인지, 그리고 인의예지 중 특히 어떤 것과 관련이 있으며, 자신이 호연지기를 기르기 위해 앞으로 하고 싶은 일과 그것이 호연지기를 기르는데 어떠한 도움을 줄 수 있을지 적어 보세요.

06 책 속에서 괴짜 형님은 대통령 후보자로 TV토론회에 나가 맹자의 왕도정치와 패도정치에 대해 이야기하며 대통령은 덕으로써 나라를 이끄는 왕도정치를 해야 한다고 이야기했습니다. 만약 여러분이 대통령 후보자가 되어 연설을 한다면 국민들에게 어떠한 공약을 할 것이며 그 공약을 어떻게 실천할 것인지 맹자의 왕도정치를 바탕으로 하여 적어 보세요.

07 《맹자가 들려주는 대장부 이야기》를 읽고 난 후 가장 기억에 남는 이야기는 무엇이었나요? 또한 맹자가 환생하여 지금의 대한민국을 찾아온다면 국민들에게 어떤 이야기를 들려주고 싶어 할지 적어 보세요.

통합형 논술 활용노트

문제풀이

01 먼저 유죄인지 무죄인지를 판결하라면 저는 유죄라고 판결하겠습니다. 물론 직장을 구하지 못해서 돈도 없고 배가 고파 도둑질을 하게 된 것은 너무 안쓰러운 일이지만, 어떤 이유에서건 남의 것을 훔치는 행동은 옳지 못한 일이며, 그런 행동으로 인해 다른 사람이 피해를 보는 것은 안 된다고 생각합니다. 만약 도둑질을 한 사람이 신체적으로 건강하고 열심히 일하려는 마음이 있다면 조금 힘들고 어려운 일이더라도 더 열심히 직업을 찾아 자신의 힘으로 돈을 벌라고 이야기하겠습니다. 그러나 열심히 노력했지만 직업을 갖기가 힘들어 도둑질을 한 것은 나라의 책임도 있으므로, 나라에서는 좀 더 많은 일자리를 만들어 사람들이 열심히 일하고 자신의 능력을 발휘하며 살 수 있도록 해 주어야 합니다. 책에서도 맹자는 정치가 잘 되면 노인이 길에서 짐을 지거나 머리에 이고 운반하는 일은 없어진다고 하였습니다. 따라서 정치를 하는 사람들이 나라의 경제가 잘 돌아가도록 열심히 일하고 덕으로 국민들을 위한 정치를 하여 일하고 싶은 사람들이 열심히 일할 수 있는 사회가 되어야 한다고 생각합니다. 그러면 자연히 도둑질을 하는 사람들도 없어질 테니까요.

02 저는 인간의 본성은 원래 선하다는 맹자의 성선설이 옳다고 생각합니다. 물론 가끔 TV에서 아주 흉악한 범죄를 저지른 사람들을 볼 때면 저런 사람들은 태어날 때부터 범죄자가 될 수밖에 없는 악한 마음을 가지고 태어난 것이 아닐까 하는 생각이 들기도 합니다. 하지만 그런 사람들이 남들보다 불우한 환경 때문에 그렇게 되었다는 것, 예를 들어 아주 가난한 가정에서 태어나 원하는 일을 할 수가 없었다거나, 부모님이 안 계셔서 제대로 된 가르침을 얻을 기회가 없었기 때문에 그렇게 되었다는 것이 밝혀지고 나면, 범죄자를 욕하던 사람들도 쯧쯧 혀를 차며 불쌍한 사람이라고 이야기하는 일이 많습니다. 옛말에 죄는 미워하되 사람은 미워하지 말라는 이야기도 있듯이, 죄를

저지르는 것은 사람이지만 그 죄를 저지를 수밖에 없는 환경도 무시할 수 없다는 생각이 듭니다. 아기가 태어날 때 아무것도 모르는 백지처럼 깨끗한 상태로 태어나지만, 자라면서 환경의 영향을 받아 양심적이며 착한 사람이 되기도 하고 죄를 저지르는 악한 사람이 되기도 하듯이, 원래 선한 인간의 본성이 나쁘게 물들지 않도록 항상 건강하고 밝은 생각을 가지고 생활한다면 인간의 선한 본성을 유지하며 살 수 있을 것이라고 생각합니다.

03 저는 얼마 전에 방과 후 친구들과 게임을 하기 위해 PC방을 가면서 좋아하는 과자를 사 먹었습니다. 처음에는 맛있게 먹었지만 먹다 보니 질려서 친구들과 서로 과자를 던져가며 장난을 치게 되었습니다. 그러면서 가던 중 길에서 구걸을 하는 할아버지를 보았습니다. 평소에 자주 지나다니던 길이라 몇 번 본 적이 있는 할아버지였습니다. 그날은 아주 추운 날이었고 할아버지는 오랫동안 밖에서 계셨는지 허름한 옷이 매우 추워 보였습니다. 할아버지는 배가 고프셨는지 쓰레기통을 뒤지고 있었습니다. 그 모습을 보자 갑자기 친구들과 먹을 것으로 장난을 치며 아까운 줄 모르고 길에 과자들을 흘리면서 온 자신이 너무나 부끄러워서 행여 할아버지가 우리들을 볼까 봐 허겁지겁 PC방으로 들어갔습니다. 한참을 게임에 몰두하느라 그 할아버지 일은 까맣게 잊고 있었습니다. 집으로 돌아갈 시간이 되어 PC방을 나왔는데, 밖에서는 그 할아버지가 아직도 추위에 오들오들 떨며 얇은 모포 하나를 덮고 잔뜩 웅크린 채 계셨습니다. 저는 친구들과 헤어져 집으로 돌아오는 길에도 계속 그 모습이 머릿속에서 떠나질 않았습니다. 결국 저는 다시 그 골목으로 돌아가 내일 다시 친구들과 게임을 하기 위해 남겨두었던 천 원을 주머니에서 꺼내어 할아버지의 무릎 위에 내던지듯 올려놓고 뛰어서 집으로 돌아왔습니다. 천 원은 큰돈은 아니지만 그래도 할아버지가 그 돈으로 따뜻한 어묵이라도 드실 수 있을 것이라 생각하니 마음이 조금은 편안해지는 것을 느꼈습니다.

이 일에서 저의 남을 불쌍하게 여기는 마음

(측은지심)과 자신의 잘못을 부끄럽게 여기는 마음(수오지심)을 보고, 그 속에 사랑(인)과 옳음(의)의 덕이 있다는 것을 알 수 있었습니다.

04 저는 괴짜 형님이 힘들게 사시는 어머니께서 보내 주신 용돈을 철구와 똑똑이, 똑순이에게 맛있는 것을 사먹으라고 건네자 그걸 어떻게 받냐며 사양을 하는 모습을 보고 조금 부끄러운 생각이 들었습니다. 저는 평소에 저보다 세 살 어린 여동생과 간식을 하나라도 더 먹기 위해 치열하게 싸우다 언니가 되어서 양보할 줄도 모른다며 자주 엄마께 혼나곤 했습니다. 특별히 그 간식이 많이 먹고 싶은 것도 아닌데 꼭 동생과 먹을 때면 욕심을 부리게 되곤 합니다. 또 아빠가 한 달 내내, 가끔 일요일도 쉬지 못하고 열심히 일하신 대가인 월급을 받아오셔서 저에게 용돈을 주실 때면 항상 너무 조금이라고 투정을 부리곤 합니다. 이렇게 사양하는 마음, 사양지심이 잘 나타나지 않는 것을 봐서, 아마도 저의 마음속에 예의 덕이 부족

한 것 같습니다.

이 책을 읽으면서 앞으로는 언니로서 동생을 위해 좀 더 좋은 것을 양보할 줄 알고, 아빠가 주시는 용돈을 감사하는 마음으로 받을 줄도 아는 사람이 되어야겠다고 생각했습니다. 그러기 위해서 매일매일 예를 쌓아야 한다고 생각합니다. 말로만, 생각만이 아니라, 예를 실천하기 위해 매일 노력할 것입니다.

05 맹자는 호연지기란 지극히 크고 지극히 굳센 기운이라고 하였습니다. 호연지기는 올바른 행동으로 길러서 그 기운을 해치지 않으면 천지 사이에 꽉 차고, 혹여 올바르지 못한 행동을 하게 되면 줄어든다고 합니다.

올바른 행동으로 호연지기를 기르는 것이니까, 네 가지 덕 중 올바름, 의와 관계가 깊다고 생각합니다.

호연지기를 기르기 위해서 저는 거짓말을 적게 하고 싶습니다. 거짓말이 나쁘다는 것을 알면서도 부모님과 선생님께 꾸중을 들을 짓을 하게 되면, 쉽게 거짓말을 해서

꾸중을 피하려고 합니다. 맹자는 올바르지 못한 행동을 하게 되면, 기운이 줄어든다고 했는데, 저는 오히려 기운이 세진다고 생각했습니다. 물론 맹자가 말한 기운은 호연지기이고, 제가 말하는 기운은 다른 것이지만요. 제가 말하는 기운은 바로 뻔뻔하고 당당한 기운입니다.

그래서 저는 마음속에 뻔뻔한 기운이 아니라 좋은 기운, 크고 굳센 호연지기가 가득할 수 있도록 거짓말을 하지 않아야 하겠습니다. 사실대로 말함으로써 받을 수 있는 꾸지람, 벌을 감당할 수 있는 사람이 된다면, 올바르지 못한 행동을 미워하고 부끄럽게 생각하는 사람이 되어, 호연지기를 기를 수 있을 것입니다.

06 왕도정치는 덕으로 백성들을 이끌고 다스리는 정치입니다. 다른 말로 하면, 백성들을 사랑하는 정치입니다. 제가 만약 대통령 선거에 출마한다면, 이러한 맹자의 정치사상을 바탕으로, 국민의 존엄성과 가치를 보호하고 유지하는 정치를 펼치겠다고 공약할 것입니다.

그 공약을 실천하기 위해서는 가장 관심을 두어야 할 부분이 바로 사회복지라고 생각합니다. 특히 최근 들어 혼자 사는 노인과 부모님 없이 살아가는 아이들이 늘고 있어서 문제라고 합니다. 이들 가운데는 그나마 기초 수급 대상자로 지원받지 못하는 경우도 있어서, 문제는 더욱 심각하다고 합니다. 그렇기 때문에 복지의 사각지대에 놓여서 국가로부터, 사회로부터 소외된 사람들이 줄어들도록 힘쓸 것입니다.

다음으로 국가가 국민의 인권을 침해하지 않도록 감시하는 체제를 활성화시키기 위해 노력할 것입니다. 국민의 인권을 보호해 주지는 못할망정, 그것을 침해해서는 안 됩니다. 이것을 방지하기 위해 국가도 노력해야 하지만, 국가를 감시할 수 있고 제재할 수 있는 시스템이 갖추어질 때, 국가가 국민을 죽이는 정치를 하지 않고 살리는 정치를 할 수 있다고 생각합니다.

07 가장 기억에 남는 이야기는 인간은 모두 '차마 어쩌지 못하는 마음'을 가지고 있다는 것입니다. 개인 간에 '차마

어쩌지 못하는 마음'이 있어서 남을 도울
수 있고 사랑할 수 있다는 것은 어찌 보면
당연한 얘기입니다. 그런데 국가와 국민
간에도 '차마 어쩌지 못하는 마음'이 있어
서 왕도정치를 할 수 있다는 것은 참 희망
적으로 들립니다.

대한민국은 국민이 주인인 나라입니다. 대
통령 혼자 주인이 아니라, 우리 모두가 주
인입니다. 그렇기 때문에 대통령과 정치가
들은 국민을 살리고, 사랑하며, 덕으로 다
스리는 정치를 하여야 합니다. 그러기 위
해 반드시 가져야 할 것이 바로 '차마 어
쩌지 못하는 마음'이라고 생각합니다. 맹
자가 오늘의 대한민국에 찾아온다면, 우리
속에 있는 '차마 어쩌지 못하는 마음'을
바탕으로 국민 모두가 살기 좋은 나라로
만들어 가자는 이야기를 할 것 같습니다.